그리스도교의 철학적 신학

그리스도교의 철학적 신학

김종헌

하늘파사

Prologue

왜 그리스도교의 철학적 신학인가?

철학은 무엇인가? 철학은 헬라어로 '필로소피아(φιλοσοφία)'이다. 필로소피아는 '사랑'이라는 '필로스(φίλος)'와 '지혜' 혹은 '지식'이라는 '소피아(σοφία)'가 합성된 말이다. 그러므로 철학은 지혜(지식)를 사랑하는 학문이다. 그런데 철학이 추구하는 지식은 무엇인가? 철학적 지식은 현상을 설명하는 '실증적인 지식'이 아니라, 근원적이고 본질적인 지식을 말한다. 가령, 철학은 세계가 무엇인가라는 물음에 자연과학적이고 물리적 설명을 하는 '자연학'과 달리, 물질 그 자체가 무엇이며 운동과 변화의 근원 그 자체가 무엇인가를 탐구하는 학문이다. 곧 현상을 있게 하는 근원에 관한 지식을 말한다. 이 같은 학문을 철학에서는 '형이상학(metaphysics)'이라 부른다.

그러면 신학은 무엇인가? 신학을 헬라어로 '테올로기아(θεολογία)'라고 말한다. '테올로기아'는 '신'을 뜻하는 '데오스(θεός)'와 '학문'을 뜻하는 '로고스(λόγος)'가 합성된 말이다. 그러므로 신학은 '신에 관한 학문' 또는 '신에 관한 말씀'이다. 그런데 신에 관한 말씀이 학문적 체계를 갖기 위해서는 '이성의 논리'가 요구된다. 즉 이성에 의한 논리적 전개방식인 철학적 방법을 취해야 한다. 그러므로 신학은 철학과 뗄 수 없는 관계이다. 그렇다고 신앙의 영역이 철학적 논리로 모두 논증될 수 있는 것은 아니다. 그래서 그리스도교에 있어서 계시의 영역은 신비한 말씀으로 남는다.

스콜라 신학자 토마스 아퀴나스는 신학적 진리를 아리스토텔레스 철학을 배경으로 체계화했다. 특별히 아리스토텔레스의 자연철학, 형이상학, 윤리학 등을 그리스도교 교리에 맞게 해석하여 적용하였다. 가령, 신의 존재 증명을 아리스토텔레스의 '순수 형상'의 개념을 가져와 설명한다. 아리스토텔레스에 의하면, 모든 개체는 '질료(matter)'와 '형상(form)'으로 이루어져 있다.

질료가 사물을 구성하는 재료나 바탕이 되는 부분이라면, 형상은 질료에 특정한 형태와 본질을 부여하는 것이다. 쉽게 말해서 질료가 물질적 요소라면, 형상은 관념적 요소이다. 세계는 질료와 형상으로 구성되어 있으며, 이 모든 것들은 순수 형상을 향해 목적론적 운동을 한다. 그런데 순수 형상은 질료적 요소가 전혀 없는 '자존적 존재'이다. 그러면서 세계가 자기를 향해 움직이게 하는 근본 원인이다. 아퀴나스는 이러한 아리스토텔레스의 순수 형상의 개념을 가져와 '하나님의 존재'를 논증한다.

하나님은 순수 형상으로 자존적이며 실체적 존재이다. 그리고 모든 만물을 현실태로 창조하시고 운동하게 한다. 아퀴나스의 이러한 논증 방식은 이성과 신앙, 철학과 신학의 조화이다. 곧 신앙의 비합리성이 철학적 논리에 의해 학적 체계를 가질 수 있다. 필자는 이러한 논증 방식을 '철학적 신학(philosophical theology)'이라 부른다. 즉 철학적 신학은 철학적인 방법과 개념으로 신학적 주제와 교리들을 탐구하며 논증한다. 그렇다고 신학의 전 분야가 철학적 이성에 의해 논증될 수 있는 것은 아니다. 철학적 이성으로 보이지 않는 하나님의 영역을 모두 다룬 다는 것 그 자체가 이미 철학함을 넘어선 것이다. 그래서 철학적 신학이 갖는 학문적 한계는 분명히 존재한다.

그런데 오늘날 개별 학문의 벽들이 허물어지면서, '학제간 융합연구(interdisciplinary convergence research)'가 활발해지고 있다. 이러한 시대적 상황에서 철학적 신학은 그리스도교가 신앙의 울타리를 넘어서 타 학문과 소통하는 통로가 될 수 있다. 그리고 하나님을 믿지 않는 무신론자들과 소통하는 매개가 될 수 있다. 그래서 필자는 오늘날 화두가 되는 주제들, 곧 마음, 몸 그리고 성 정체성, 죽음과 생명, 영성, 환대 등을 철학적 신학으로 다루고 있다.

Part 1에서는 '마음이 무엇인가'를 다루고 있다. 마음의 철학적 개념을 다루면서 동시에 성경이 말하는 마음이 무엇인가를 신학적으로 다루고 있다. Part Ⅱ, '나는 누구인가?'에서는 인간에 관한 철학적 신학을 다루고 있다. 인간의 존엄성, 성 정체성 등의 문제를 철학과 성경을 연관하여 다루고 있다. Part Ⅲ, '몸 철학에서 몸 신학으로'에서는 소비문화 속의 몸과 젠더 정치, 그리고 몸의 존재론적 구조를 철학과 신학의 관점에서 조명하고 있다. Part Ⅳ, '죽음과 생명의 철학적 신학'에서는 인간 존재에 있어서 죽음이란 무엇인가?, 영혼은 불멸하는가? 그리고 에노스와 죽음의 문제를 다룬다.

Part Ⅴ, '복음과 마음 치유'에서는 상한 마음을 어떻게 치유할 것인가를 말씀을 통해서 조명하고 있다. 그리고 예수님의 마음 치유 방식을 살피면서 동시에 기도와 마음 치유도 함께 다루고 있다. Part Ⅵ, '그리스도교의 영성이란 무엇인가?'에서는 영성의 철학적 신학적 의미를 집중적으로 다루고 있다. 특히 영성과 몸의 존재론적 인식을 통해서 성화의 삶을 어떻게 이루어 가야 하는가를 말하고 있다. Part Ⅶ에서는 현대사회의 주된 담론 중 하나인 '환대' 문제를 구약의 아브라함 환대를 중심으로 다루고 있다. 그리고 Part Ⅷ에서는 오방 최흥종의 삶과 신앙을 '환대의 영성'으로 재조명하면서, 필자가 살고 있는 '광주 정신'과 비교하며 살피고 있다.

필자는 그동안 "철학하는 목사"라는 이름으로 「헤세-메트 블로그」에 글을 게재해왔다. 필자가 '철학하는 목사'라고 쓴 이유는 학문적인 배경이 철학이기 때문이다. 필자는 '철학적 인간학(philosophical anthropology)'으로 '박사학위(Ph.D.)'를 받았고, 그 후 '문화학'을 공부하였다. 그리고 대학에서 학생들에게 철학과 미학, 그리고 문화학 등을 가르치다, 45세 때 온몸으로 하나님을 만났다. 하나님은 그동안 필자가 공부했던 모든 지식을 속량시켜서, '그리스도를 아는 고상한 지식'의 도구가 되게 하셨다.

하나님은 비로소 필자의 영적인 눈을 뜨게 하시고, 성경과 인문학, 성경과 철학을 연결하는 글들을 쓰게 하셨다. 그래서 필자는 「다아트 아카데미」와 「케노니아 영성 모임」에서 성경과 철학이 만나는 철학적 신학에 관한 논문들을 발표하였다. 그러므로 이번에 출간된『그리스도교의 철학적 신학』은 그동안 여러 곳에 부분적으로 발표했던 논문들을 모아 출판한 것이다. 아직은 여러 가지로 부족한 점들이 많이 있으나, 신학의 경계를 넘어서 타 학문과의 소통을 여는 작은 통로가 되길 소망한다.

압촌동 로고스문화교회에서 김 종 헌 목사

목차

Prologue   5

Part I 마음은 무엇인가? 마음에 관한 철학적 신학적 통찰   13
   1. 들어가는 말: 오디세이와 떠나는 마음 여행   13
   2. 마음에 관한 개념적 접근   15
     1) 우리 말에서의 마음   15
     2) 동아시아 전통에서 본 마음   17
     3) 마음과 유사한 개념들: 영혼, 이성, 정신   18
   3. 마음과 몸에 관한 철학적 논쟁   22
     1) 마음의 애매성   22
     2) 심신 이원론: 플라톤과 아리스토텔레스   24
     3) 데카르트의 마음과 육체의 이원론   31
     4) 데카르트 이후 심신 관계의 양상   32
   4. 현대 뇌 과학과 마음철학   34
     1) 환원주의와 마음   34
     2) 뇌 과학과 명상   35
   5. 결론 : 마음 치료학으로의 철학   38

Part II 나는 누구인가? : 인간에 관한 철학적 신학적 접근   43
   1. 문제 제기: 나는 누구인가의 실마리   43
   2. 인간은 무엇인가?   45
     1) 인간의 존엄성에 관한 논쟁   45
       가. 철학적 입장
       나. 성경이 말하는 인간의 존엄성(인권)
     2) 성 정체성에 관한 논쟁   54

    가. 남성과 여성 그리고 제3의 성
    나. 성의 본질과 동성애
  3) 몸과 살 그리고 영혼에 관한 담론   60
 3. 생태주의와 인간 중심주의   64
 4. 결론   66

Part III 몸 철학에서 몸 신학으로   69
 1. 문제 제기: 이성에서 몸으로   69
 2. 포스트모더니즘과 몸   73
  1) 소비문화 속의 몸   73
  2) 성 정체성과 젠더 정치   76
  3) 인식 주체로서의 몸   81
 3. 몸 철학과 몸 신학의 대화   84
  1) 포스트모던의 성과 몸 신학   84
  2) 몸의 존재론적 구조: 육신, 영혼, 정신(영)   92
  3) 성전으로서의 몸   96
 4. 결론 : 온전한 몸의 속량을 소망하며   99

Part IV 죽음과 생명의 철학적 신학: 에노스와 현존재의 만남   103
 1. 죽음이란 무엇인가?   103
 2. 문학과 철학을 넘어서 철학적 신학으로   106
 3. 인간은 어떤 존재인가?   109
  1) 인간은 무엇인가?   109
  2) 인간 정신의 기원과 죽음   112
  3) 영혼은 불멸하는가? 아닌가?   116
 3. 인간의 실존론적 구조와 죽음   123
  1) 에노스와 죽음   123
  2) 현존재와 죽음   126
 4. 결론 : 좋은 죽음을 꿈꾸며- 죽음에서 생명으로-   130

Part V 복음과 마음치유 133

- 1. 마음 알기 133
  - 1) 마음이 무엇인가? 133
  - 2) 마음의 위치 135
- 2. 성경과 마음치유 138
  - 1) 부패한 마음(카르디아:heart와 누스:mind) 138
  - 2) 말씀의 인도하심과 마음관리 142
- 3. 마음을 만지는 복음 143
  - 1) 율법과 복음의 차이 143
  - 2) 예수님의 마음치유 145
- 4. 묵상과 마음치유 147
  - 1) 복음 관상기도 147
  - 2) 마음 성찰기도 154
- 5. 결론: 묵상과 그리스도의 마음 담기 155

Part VI 그리스도교의 영성이란 무엇인가?: 영성의 철학적 신학적 의미

- 1. 지성에서 영성으로 161
- 2. 영성과 몸의 존재론적 인식 165
  - 1) 육신에 속한 자 166
  - 2) 육에 속한 자(혼에 속한 자) 169
  - 3) 영에 속한 자 173
- 3. '칭의'에서 '성화'로 175
  - 1) 영성 훈련과 성화 176
  - 2) 머리의 묵상에서 마음의 묵상으로 178
- 4. 결론: 그리스도의 장성한 분량까지 181

Part VII 아브라함의 환대: 환대에 관한 신학적 철학적 담론 183

- 1. 환대의 개념 183
- 2. 아브라함의 정체성과 환대 184
  - 1) 본문의 배경 185

   2) 환대의 자세: 환대는 예배다   187
   3) 환대의 위험성:주인과 손님의 전복)   191
  4. 그리스도인의 덕목으로서의 환대   196
  5. 빅토르 위고, 『레 미제라블』에 나오는 미리엘 신부의 환대 197

Part Ⅷ 오방 최흥종의 환대의 영성과 광주정신   199
  1. 문제 제기: 환대란 무엇인가?   199
   1) 주체에서 타자로: 타자화된 최흥종   199
   2) 환대란 무엇인가?   201
  2. 타자의 시선에 응답하는 환대   204
   1) 최흥종과 포사이드 선교사와의 만남   204
   2) 거세와 <사망통지서>   208
  3. 광주 정신과 오방의 환대   212
   1) 광주 정신이란 무엇인가?   212
   2) 10일간의 광주와 환대의 공동체   215
   3) 광주의 아버지로서의 오방   217
  4. 결론: 이념의 갈등을 치유하는 환대의 도시로   218

Part I 마음은 무엇인가?
마음에 관한 철학적 통찰

1. 들어가는 말: 오디세우스와 떠나는 마음 여행

호메로스의 서사시 『오디세이아』(Οδύσεια)는 트로이 전쟁의 영웅 오디세우스가 10년간 긴 여행을 걸쳐 고향으로 돌아오는 이야기이다. 그는 고향에 도착하기까지 많은 유혹과 고난을 통과해야 했다. 때로는 길을 잃었고, 생명이 위태롭기도 했지만, 결국 긴 항해 끝에 자신의 뿌리가 있는 고향에 도착했다. 오디세우스가 포기하지 않고 찾아간 고향은 '이타케'(Ιθάκη)이다. 오디세우스에게 '이타케'는 단순한 물질적 공간이 아니다. '이타케'는 그의 출발점이며 종착점이다. 다시 말해서 그가 반드시 돌아가야만 하는 '존재의 근원'이었다.

필자의 생각에, 오디세우스의 고향 이타케는 그의 중심이며, '마음'이다. 그는 트로이 전쟁에서 승리한 후에 '본래의 마음'이 있는 그곳을 향해 길을 떠났다. 비록 아무리 그 길이 험할지라도 포기하지 않고 두고 온 고향으로 향했다. 우리는 '본래의 마음(근원적 마음)'을 찾아 떠나는 오디세우스와 함께 고향으로 돌아가는 여행을 시작했다. 그동안 화려한 도시공간 속에서 마음을 상실하고 살아가다가, 다시 마음의 음성이 들려오는 곳을 향하기 시작했다.

사람의 존재론적 고독은 '고향 상실', 곧 '마음 상실'에서 오는 외로움이다. '마음 오디세이'는 마음을 상실하고 사는 현대인에게 '본래의 마음'(근원적 마음)이 무엇인가를 깨닫으며 발견하게 하는 데 있다. 근원적 마음을 찾아 떠나는 여행은 트로이의 영웅 오디세우스처럼 기나긴 시간이 필요할 수 있다. 그러나 우리는 이곳을 향해야 한다. 그것은 마음이 나를 있게 하는 정체성이고, 내 삶의 뿌리이며 고향이기 때문이다.

우리는 구약과 신약성경을 통해서 마음의 온갖 양상들을 살펴보았다. 성경이 말한 마음은 무엇인가? 수많은 뛰어난 성경학자들은 이 물음에 응답해야 한다. 그러나 필자에게 묻는다면, '하나님이 내 안에 주신 생기'로 정의하고 싶다. 곧 내 안에 있는 '하나님의 생기'다. 이것이 '본래의 마음', 곧 '하나님의 형상을 닮은 마음'이다. 그러나 우리는 하나님이 주신 고유한 마음을 상실했다. 원죄의 신음과 고통 속에서 본래의 마음을 상실하고, 고향을 향한 오디세우스의 항해를 하고 있다. 우리가 마음공부를 하는 궁극적인 목적은 하나님이 주신 본래의 마음을 찾는 데 있다. 우리는 원죄로 상실한 본래의 마음을 회복해야 한다.

그렇다면 철학은 마음을 무엇으로 정의하고 있는가? 곧 마음의 본질은 무엇이며, 마음의 존재론적 위치는 어디인가? 마음을 찾아 떠나는 항해가 방향을 잃지 않기 위해서는 먼저 이 개념을 탐색해야 한다.

2. 마음에 관한 개념적 접근

1) 우리 말에서의 마음

마음이 무엇인가? '구글(Google)'의 「위키백과사전」에 의하면, "마음은 사람이 다른 사람이나 사물에 대하여 생각, 인지, 기억, 감정, 의지, 그리고 상상력의 복합체로 드러나는 지능과 의식의 단면을 가리킨다." 즉 마음이 외부 세계에 존재하는 타인과 사물들을 지각하고, 의식하는 작용중심임을 말하고 있다. 또한 「한국민족문화대백과사전」에, 마음은 "사람의 내면에서 성품·감정·의사·의지를 포함하는 주체"로 정의되고 있다. 여기서 마음을 주체로 정의하는 것은, 곧 사람의 내면을 관장하는 '자아'라는 말이다. 즉 마음은 사람의 내면을 다스리는 자아이며, 주체다.

'네이버'(Naver)에 검색된 「종교학 사전」에 따르면, "마음은 지(知), 정(情), 의(意)로 대표되는 인간 정신 작용의 총체, 또는 그 중심에 있는 것으로 '정신'과 동의어로 쓰이는 경우도 있지만, 정신이 로고스(이성)를 체현하는 고차적인 심적 능력으로 개인을 초월하는 의미를 가진다면, 마음은 파토스(정념)를 체현하며 더욱 많이 개인적이고 주관적인 의미를 가진다." '네이버 종교학 사전'은 먼저 마음이 知, 情, 意의 중심임을 말하고, 이 중심에 있는 '정신'과 동의어로 사용되는 것을 말하고 있다. 그런데 마음은 정신과 구분되기도 한다. 즉 정신이 '고차원적 인식작용'이라 한다면, 마음은 파토스(pathos)에 관계한 감정의 영역이다. 다시 말해서 마음은 정신작용을 하지만, 감정적인 영역에도 밀접하게 관계되어 있다.

이상에 언급된 마음에 관한 사전적 개념들을 정리하면, 마음은 일차적으로 크게 세 가지 영역으로 나눌 수 있다. 즉 마음(heart)은 '감정적 영역'과 '의지적 영역', 그리고 '지적 영역'을 구분할 수 있다. 그런데 마음(mind)이 지적 활동으로 작용할 때, 고차원적인 정신은 아니지만, 정신작용과 유사한 역할을 한다고 볼 수 있다.

그러면 더 구체적으로 우리말에 마음이 사용되는 용례들을 살펴보자. 마음이 감정의 근원으로 사용되는 경우는 다음과 같다. "그 사람만 생각하면 마음이 슬프다" 혹은 "마음이 기쁘다", "마음이 괴롭다" 등의 표현에서 마음이 갖는 감정적 영역을 파악할 수 있다. 두 번째로 마음의 의지적 영역이다. "나는 마음을 먹으면 반드시 한다", "마음이 이끄는 대로 간다", "마음이 내킨다" 등의 표현이다. 마음은 행동을 일으키는 의지작용의 중심이다. 세 번째로 마음의 지적 영역이다. "마음으로 이해해야 한다", "마음에 담아둔다", "마음에 새기다", "마음을 모은다", "마음에 기억한다" 등의 표현에서는 마음의 지적 영역을 발견할 수 있다.

또한 마음은 종교적·윤리적 판단 근거가 되고 있다. 가령 "내 마음은 본향을 향하고 있어"라고 말할 때, 마음이 형이상학적 세계로 나아가는 통로임을 표시한다. 그리고 마음이 도덕적 판단의 근거가 되는 경우가 있다. "저 사람은 위선적이야" 혹은 "저 사람은 마음이 정직하지 못해", "저 사람은 착해" 등의 표현은 마음이 지닌 윤리적 판단이다. 이렇게 우리 말에서도 마음은 광범위하게 사용되고 있다. 이 외에도 미적 판단의 주체로서의 마음작용이 있다.

2) 동아시아 전통에서 본 마음

그러면 동아시아 전통, 즉 한자 문화권에서 마음은 무엇인가? 마음을 한자로 표기하면, '심(心)'이다. 즉 동아시아 전통에서 마음은 심(心)이다. 한자 문화권에 있는 우리도 전통적으로 '심'을 마음으로 이해하고 있다. 양심, 수치심, 흑심, 자긍심, 협동심 등 다양한 의식작용은 마음(心)을 근본으로 깔고 있다. 그런데 동아시아 전통에서 '심'은 기본적으로 '심장'을 가리킨다. 동아시아의 가장 오래된 문자기록이라 할 수 있는 갑골문자를 보면, 심은 심장을 형상화하고 있다.

사람의 중심에 있는 심장을 생각, 의지, 느낌이 발현된 장소로 본 것이다. 그리고 '심'은 외부 세계와 다양한 방식으로 관계하며, 동시에 내부에서 일어나는 움직임을 총괄하는 곳이다. 그러므로 마음은 자아를 구성하는 근원이다.[1] 즉 '심'은 인격의 중심이며, 인간다움의 근거라 할 수 있다. 그래서 '심(마음)'에 대한 탐구는 인간에 관한 탐구라 할 수 있다.

'심'에 관한 구체적인 기록을 살펴보면, 후한 시대 허신(許愼)이 만든 사전에서 찾을 수 있다.[2] 허신은 '심'을 사람의 심장으로, 신체의 내부 혹은 중심으로 보았다. 또한 그는 심장을 '불의 장기'로 보았다. 그가 왜 심장을 불의 장기로 보았는가? 일차적으로 심장이 붉은 피를 생성하는 기관이기 때문이다. 즉 붉은 피가 심장을 중심으로 소통하기 때문에, 불의 장기라 불렀다. 두 번째로 불은 '밝음'을 의미한다. 즉 심장은 밝음과 연관하여 외부 세계를 인식하고 사유하는 내적 기관이다. 특히 그는 성(性), 정(情), 의(意), 지(志) 등의 글자에 심(心)이 의미소로 내포되어있음

---

1. 문석윤, 『동양적 마음의 탄생』(글항아리, 2014), 42쪽 참조.
2. 같은 책, 43-44쪽 참조.

을 발견하고 자신의 주장을 더욱 확증한다. 그러므로 '심'은 단순히 육체적 기관을 넘어서, 의식작용의 중심인 마음이라 할 수 있다.[3]

3) 마음과 유사한 개념들: 영혼, 이성, 정신

우리가 마음이란 말을 사용할 때, 혼용해서 쓰는 말 중에는 '정신(이성)', '영혼'이 있다. 마음과 정신 그리고 영혼과의 차이점과 공통점은 무엇인가? 신약성경을 읽다 보면, 우리말 번역은 '마음'인데, 영어를 보면 'heart'와 'mind'로 구분되어 있다. heart와 mind의 차이는 무엇인가? 왜 우리는 두 단어를 동일하게 마음으로 번역하고 있는가? 심장(heart)을 의미한 마음은 히브리어 '레브/레바브', 헬라어 '카르디아'에 근거하고 있다. 마음을 심장에 근거해서 설명한 것은 동양과 서양 모두 마찬가지다. 심장이 사람의 중심에 있으므로 심장을 중심으로 마음을 설명한 것이다. 곧 심장이 생명작용의 중심으로서, 심장이 멈추는 것은 마음작용이 정지된 것이며 죽음이다. 그러므로 마음은 생명의 근원이다.

고대 이집트인들은 영혼 불멸의 신앙이 있어서, 육체가 썩지 않도록 '미라'로 만들었다. 이때 사람의 모든 장기는 제거하지만, 마음이라 할 수 있는 심장만은 보존했다. 즉 그들은 심장에 영혼이 있는 것으로 여겼다. 우리는 여기서 마음과 영혼이 중첩됨을 발견할 수 있다.

또한 고대 이집트인들에게는 '심장의 무게 달기 의식'이 있었다. 죽은 자의 심장을 저울에 올려 정의와 지혜의 여신 '마트'의 깃털로 무게를 쟀

---

[3]. 같은 책, 44쪽 참조. 당시 과학이론인 오행론에 의하면, 심장은 토(土) 혹은 화(火)에 해당했다. 토(土)는 방위로는 중앙에 해당했다. 그러므로 마음(심장)은 신체의 내부, 혹은 중심을 의미했다.

다.[4] 만일 심장이 마트의 깃털보다 무거우면, 이승에서 많은 죄를 지었다고 판단해, 심장은 괴물의 먹이가 된다. 심장이 괴물의 먹이가 됨으로써 더 이상 사후 세계에 들어가지 못한다는 것이다.

신화적 이야기로 간주할 수 있는 심장의 무게 달기는 오늘날에도 유사한 형태로 범죄 수사에서 이용되고 있다. 가령 "거짓말 탐지기"는 심장의 움직임과 혈압, 맥박의 변화와 호흡운동의 변화 상태 등을 기록하여 진술의 진위를 판단한다. 즉 그 사람의 마음 상태를 파악하는 것이다. 다른 말로 하면 현대판 '마음의 무게 달기'라고 할 수 있다. 결론적으로 고대인들의 상당수는 마음이 심장에 위치하는 것으로 보았기 때문에, '레브/레바브', '카르디아(heart)', '심(心)' 등으로 표현했다.

그런데 그리스 철학자 플라톤은 마음이 뇌에 있는 것으로 보았다. 반면에 그의 제자라 할 수 있는 아리스토텔레스는 마음이 심장에 위치하는 것으로 여겼다. 아리스토텔레스는 철학자이면서 자연과학자였다. 그는 의학자였던 아버지 영향으로 해부학적인 지식과 발생학적 지식을 갖고 있었다. 그는 발생학적 지식을 바탕으로 마음이 심장에 있음을 논증했다. 발생학적으로 볼 때 사람의 심장이 가장 먼저 생기고, 그 심장을 중심으로 다른 기관이 형성된다. 또한 심장을 중심으로 모든 혈관이 심장으로 들어오고 다시 심장으로부터 나온다. 외부 자극이 몸에 들어올 때도 심장이 먼저 반응하지, 뇌는 직접적으로 반응하지 않는다. 사람이 죽을 때도 마찬가지다, 심장이 멈추면 죽음이다. 곧 심장은 사람의 시작과 끝이다. 아리스토텔레스는 이러한 과학적 지식을 바탕으로 심장 마음설을 주장했다.

---

4. 이 부분에 대해서는 강성열 교수의 『구약성서와 함께 하는 마음공부』 중에서 '5장 인간의 마음을 아시고 저울질하시는 하나님'을 참조할 것.

두 번째 'Mind로써의 마음'을 살펴보자. 일반적으로 마음의 지적 작용, 곧 정신적 작용을 의미할 때 'Mind로써의 마음'을 사용한다. 여기서 우리는 mind가 지닌 언어적 의미가 어떻게 발전되어 왔는지 살펴보아야 한다. 성경에서 "마음"을 'mind'로 사용한 경우는 헬라어 '누스(nous)'에 근거하고 있다. '누스'라는 말은 고대 그리스 자연 철학자 아낙사고라스(Anaxagoras, B.C. 500년경-B.C. 428년경)가 최초로 사용한 말이다. 그는 소크라테스 이전의 철학자로 우주를 자연과학적 방법으로 이해하고 설명하려고 했다. 그는 모든 만물의 근원을 '종자(seeds)'로 보았고, 이러한 것들이 질서를 이루고 결합하는 원리로 '정신(누스)'을 주장했다. 즉 우주는 '누스'에 의해 여러 원소가 질서를 유지하며 운동하게 된 것이다. 그는 자연현상을 신의 작용으로 설명했던 세계관을 무시하고, 누스의 원리로 설명했다. 그래서 아낙사고라스는 신을 모독했다는 불경죄로 고발당해 아테네에서 추방당했다.

이 누스의 개념이 스토아 철학에 와서 소우주 사상에 흡수되었다. 즉 사람은 우주가 갖고 있는 모든 것을 지닌 '소우주'이다.[5] 우주의 변화를 주재하는 '누스'(근본원리로서의 정신)가 있듯이, 인간의 삶을 주관하는 누스(정신, 마음)가 존재한다는 것이다. 여기서 인간의 마음을 주재하는 원리로 누스(mind)라는 개념이 들어온 것이다. 그런데 누스는 단순한 인식작용을 넘어 때로는 고차원적 사유기능인 '로고스'(Logos)와 연결되기도 한다.

'로고스'는 아낙사고라스 이전에 활동했던 에페소스 출신 철학자 헤라클레이토스(Herakleitos, B.C. 535-B.C. 475)가 주장한 이론이다. 그

---

[5] 방탄소년단(BTS)이 노래한 '소우주'의 가사를 보자. 각기 소우주로서의 인간의 존엄을 노래하고 있다.

는 만물의 생성과 변화를 강조한 '만물유전의 법칙'을 주장했다. 헤라클레이토스는 변화하는 세계에 질서를 부여하며 조화롭게 하는 원리를 '로고스'라고 불렀다. 즉 로고스는 온 우주를 질서 지우는 '이법(理法)'이다. 다시 말해서 로고스는 변화하는 세계의 불변하는 법칙인 것이다. 이 로고스를 사도 요한이 가져와서 **"태초에 말씀(로고스)이 계시니라"**(요 1:1)고 하면서, '로고스'를 '신'(하나님)으로 논증했다.

헬라어 '로고스'는 '말씀'이라는 뜻 이외에도, '논리', '이성', '정신'(영) 혹은 '신'이라는 뜻이 있다. 그래서 문맥(context)에 따라 의미를 달리 해석해야 한다. 신약성경에서 로고스와 연관된 '로기코스'(λογικός)가 두 군데 사용되고 있다. 베드로전서 2장 2절과 로마서 12장 1절이다. 그런데 '로기코스'를 '이성적인(reasonable)'이란 의미로 해석하는 성경이 있고, '영적(spiritual)'으로 해석한 성경도 있다. 우리가 사용하는 개역 개정은 'spiritual'로 해석해서 "갓난아기들같이 순전하고 <u>신령한</u> 젖을 사모하라"(벧전 2:2) 혹은 "너희가 드릴 <u>영적</u> 예배니라"(롬 12:1)로 번역하고 있다.[6]

이처럼 로고스가 영(spirit)과 유사하게 사용될 수 있는 것처럼, '누스' 역시 일정 부분 정신(spirit)과 소통할 수 있다. 즉 마음과 정신은 상호소통이 가능한 개념이다. 특별히 로마서 12장 2절 말씀에 사용된 '누스로써의 마음'을 통해 그 의미를 보다 분명하게 알 수 있다.

> **"너희는 이 세대를 본받지 말고 <u>오직 마음을 새롭게 함으로</u> 변화를 받아 하나님의 선하시고 기뻐하시고 온전하신 뜻이 무엇인지 분별하도**

---

6. "그러므로 형제들아 내가 하나님의 모든 자비하심으로 너희를 권하노니 너희 몸을 하나님이 기뻐하시는 거룩한 산 제물로 드리라 이는 너희가 드릴 영적 예배이니라." 여기서 "영적"이란 말을 영어 성경 RSA와 NIV는 "spiritual"로 번역하고 있지만, KJV는 '이성적인' 혹은 '합리적인' 뜻을 지닌 "reasonable"로 번역하고 있다.

록 하라."

"오직 마음을 새롭게"에서 마음은 '카르디아'(heart)가 아니라, '누스(정신)'이다. 왜 사도 바울이 '카르디아'가 아닌 '누스'를 사용했을까? '카르디아'가 갖는 '정감적 기능'보다는 '누스'가 갖는 '이성적 사유기능'을 강조하기 위해서이다. 사도 바울은 먼저 이 세대를 본받지 말라고 했다. 즉 세상의 가치관과 사고방식을 따라가지 말라는 것이다. 다시 말해서 하나님의 온전하신 뜻을 알기 위해서는 우리의 사고방식 곧 정신이 개조되어야 한다. 정신의 갱신 없이는 하나님의 뜻을 분별할 수 없다. 그래서 사도 바울은 '카르디아'가 아닌, '누스'를 사용한 것이다. '카르디아로써의 마음'은 때로는 사람을 감정적인 영역에 매몰되게 한다. 이에 반하여 '누스로써의 마음'은 사사로운 감정적 영역을 넘어서, 고귀한 가치와 정신을 추구하게 한다. 사도 바울은 마음의 고차원적 정신작용을 말할 때, '카르디아' 대신 '누스'를 사용하고 있다.

3. 마음과 몸에 관한 철학적 논쟁

1) 마음의 애매성

마음의 문제는 사람과 분리되어 제기될 수 없다. 마음은 사람의 육체/몸과 연관하여, 물음이 제기되고 응답된다. 마음은 몸 안에 존재한다. 그러므로 마음은 몸과 분리되어 존재할 수 없다. 그러나 우리가 일상적으로 마음을 말할 때, 몸과 분리된 마음을 말할 때도 많다. 마음은 몸 안에 있지만, 동시에 몸과 분리되어 존재하기도 한다. 이것이 바로 '마음의 애매성'이다. 마음은 분명히 몸에 존재하지만, 사람의 행동과 의식을 표현할 때 따로 표현될 수 있다. 가령 "몸은 여기에 있는 데, 마음이 여기에 없다"라고 말할 수 있고, 또한 "마음은 그곳에 두고 왔어"라고 말할 수도 있다. 이때 마음은 내 몸속에 존재하지만, 동시에 몸과 분리된 '실체(substance)'로 보인다. 즉 '정신으로써의 마음'을 의미한다. 다시 말해 '정신으로써의 마음'은 육체에 종속적이지 않다.

그러나 마음은 몸이 죽으면, 곧 사람이 죽으면 마음도 사라진다. 또한 '재물이 있는 곳에 네 마음도 있다'고 말한다. 이것은 마음이 물질에 의존한다는 것이다. 즉 물질로 마음을 살 수 있다는 것이다. 이런 면에서 마음은 독립적인 존재(실체적 존재)가 아니다. 다시 말해서 마음은 몸에 종속된 존재이다. 그런데 만일 몸/육체가 죽었는데도 마음이 여전히 있다면, 마음을 영혼과 같은 의미로 보는 것이다. 즉 마음을 영혼으로 보는 것이다. 특별히 그리스도교는 육체와 영혼을 대립시키면서, 육체는 죽지만 영혼은 죽지 않는다고 주장한다. 그래서 어떤 의미에서는 마음(mind)과 영혼(soul)이 같은 의미로 사용되기도 한다.

이같이 마음을 몸에 종속된 것으로 보거나 혹은 분리된 것으로 보는 주장들이 있다. 이와 달리 몸과 마음의 상호연관성을 주장하기도 한다. 마음이 몸에 영향을 미치고, 몸이 마음에 영향을 미치기도 한다. 즉 몸과 마음이 대립적이지만, 동시에 상호연관성을 지닌다는 주장이다.

철학자들은 이러한 마음의 애매성에 대해 논증을 크게 세 가지로 구분하고 있다. 첫째, 마음과 육체를 대립적 범주로 보는 이원론이다. 몸과 마음의 이원론은 두 사이의 관계를 부정하는 주장과 두 사이의 상호작용을 인정하는 주장으로 나눌 수 있다. 둘째, 마음으로부터 세계를 설명하는 방식이다. 즉 육체는 마음에 의식되는 한에서 존재한다는 주장이다. 이런 입장을 '유심론(唯心論, Mentalism)' 혹은 '관념론(觀念論,

Idealism)' 철학이라 말한다. 유심론은 세계의 모든 것이 결국 마음으로 환원 가능하다는 주장이다. 관념론은 외부 세계는 마음에 인식된 관념의 세계라는 것이다. 셋째, 마음(정신)은 물질의 산물이라는 주장으로 '유물론(唯物論, Materialism)' 혹은 '물리주의'라고 말한다.

2) 심신 이원론: 플라톤과 아리스토텔레스

서양 고전철학의 대표자는 '플라톤'과 '아리스토텔레스'라고 말할 수 있다. 그래서 필자는 마음에 관한 문제를 플라톤 철학에서 시작하려고 한다. 플라톤은 자기 철학의 중심을 '마음'이라기보다는 '영혼'에 두고 있었다. 플라톤에 의하면 인간의 영혼은 원래 이데아 세계에 있었다. 그런데 영혼이 레테의 강을 건너 육체와 결합되어 사람이 되었다. 이런 면에서 영혼은 사람을 형성하는 '일차적 원인'이다. 즉 영혼은 생명의 원리이며, 감정과 욕구 그리고 인식의 토대이다. 영혼이 육체 속에 들어옴으로써 비로소 마음이 형성된 것이다. 그러므로 '영혼'은 '마음의 존재근거'가 된다. 즉 마음은 영혼 없이는 존재하지 못한다. 마음은 영혼이 육체와 결합하여 나타나는 '심리 현상'이다. 이런 점에서 마음 작용은 영혼 작용의 부분이라 할 수 있다. 그러므로 영혼과 마음이 같은 것은 아니지만, 상당히 겹치는 부분이 많다.[7] 그래서 마음과 영혼을 개념적으로 혼용해 사용하기도 한다.

---

7. 본래 영혼에 해당하는 헬라어는 '프쉬케'(ψυχή)이다. 프쉬케는 어원적으로 호흡에 관련된 말이다. 헬라어 프쉬케는 히브리어의 '네페쉬'에 해당한다. 창세기 2장 7절에는, 하나님께서 사람을 흙먼지로 지으시고 거기에 생기(니샤마)를 불어넣어서 "생령"(네페쉬 하야)이 되게 하셨다. 여기서 생령은 히브리어 '네페쉬 하야'인데, 영어로 번역하면 'a living soul'(KJV), 'a living being(NIV)'가 된다. 우리말로 번역하면 '영혼을 가진 존재', '살아있는 존재'가 되었다는 말이다. 사람이 영혼을 가진 존재가 됨으로써 마음 작용이 시작된다.

플라톤의 저작들은 주로 대화 형식이며, 주인공은 그 스승 소크라테스이다. 그래서 플라톤은 소크라테스의 입을 빌려서 영혼을 돌보는 것을 철학의 핵심주제로 삼고 있다. 그는 일차적으로 영혼과 육체를 대립적으로 설명하고 있다. 육체는 영혼의 감옥이다. 영혼이 참된 진리를 발견하기 위해서는 육체의 속박을 벗어나야 한다. 왜냐하면 인간이 육체와 더불어 사는 한 참된 진리(이데아)를 인식할 수 없기 때문이다. 어떻게 참된 이데아를 발견할 수 있는가? 그것은 죽음을 통해서이다. 죽음을 통해서 사람은 완전히 육체의 속박을 벗어나 이데아의 세계로 갈 수 있다. 그러면 플라톤은 현실을 부정하는 비관론자인가? 그렇지 않다. 플라톤은 사람이 세상을 사는 동안 영혼을 어떻게 관리하느냐에 따라 행복한 사람이 될 수 있고, 정의로운 국가를 세울 수도 있다고 생각했다. 한편 플라톤의 영혼론을 보면, 사도 요한이 성도들에게 쓴 편지 "사랑하는 자여 네 영혼이 잘됨 같이 네가 범사에 잘되고 강건하기를 내가 간구하노라"(요삼 1:2)는 말씀이 생각난다.

플라톤은 인간과 국가를 '영혼의 삼분설'을 통해서 설명한다. 플라톤은 『국가』에서 사람의 영혼을 '분별하고 사유하는 이성의 영역(τὸ λογιστικόν 혹은 νους)', '격정과 화를 일으키는 감정의 영역(τὸ θυμικόν)', 그리고 '욕구와 욕망의 영역(τὸ ἐπιθυμητικόν)'으로 나누고 있다. 즉 마음이 갖는 지성적 영역과 감정적인 영역 그리고 욕구와 의지적 영역이라 할 수 있다. 플라톤은 영혼의 세 영역을 크게 두 가지 영역, 즉 '이성적 영역'과 '비이성적 영역'으로 분류하기도 한다.[8] 비이성적 영역은 격정과 화를 일으키는 감정 영역과 욕구와 욕망의 영역을 말한다.

---

8. 강성훈, "플라톤 영혼의 세 부분," 『마음과 철학 서양편 상』(서울대학교출판문화원, 2017), 14쪽 참조.

가령 목마름과 배고픔의 욕구는 마시는 것과 먹는 것을 갈망한다. 이런 욕구적인 부분은 본능에 종속되어 짐승처럼 영혼을 몰아갈 수 있으므로 '비이성적'이라 부른다. 또한 격정의 부분은 친구가 불의한 일을 당했다고 생각할 때, 이것에 분노하며 저항하는 감정을 말한다. 분노의 감정은 이성에 의해 제어되지 않으면 계속 싸우게 된다. 본능에 종속되는 욕구와 분노의 감정을 제압하고 순화시키는 영역이 '이성적인 부분'이다.

플라톤은 영혼이 지닌 세 가지 기능이 조화를 이룰 때, 사람이 행복해질 수 있다고 주장한다. 그러면 구체적으로 영혼의 세 부분인 '이성적인 부분', '격정적인 부분', '욕구적인 부분'이 서로 어떻게 관계되어야 하는가? 이성적인 부분(정신)이 격정적인 부분을 다스리면서, 두 부분이 다시 욕구적인 부분을 효과적으로 지도할 때 사람은 행복해질 수 있다.

영혼이 지닌 이성적인 부분은 작은 부분을 차지하지만, 훌륭한 말과 학문으로 성장시켜야 한다. 그리고 격정적인 부분은 화성과 리듬으로 순화시켜 이성에 복종하도록 해야 한다. 마지막으로 영혼의 대부분을 차지하는 욕구적인 부분은 본성적으로 재물에 만족할 줄 모르고, 육체적인 쾌락으로 가득하여 역으로 이성적인 부분과 격정적인 부분을 종속시키려 한다. 그러므로 이성적인 부분과 격정적인 부분이 잘 발현되어 욕구를 통제하고 감시해야 한다.

플라톤은 저서인 『파이드로스』에서 인간의 영혼을 두 마리의 말을 이끄는 마부를 통해서 설명한다. 두 마리 말 중에서 한 말은 아름답고 선하며, 다른 말은 추하고 악하다. 아름다운 말은 절제와 수치심을 알고, 명예를 사랑하며 명령과 이야기로만 몰 수 있다. 그러나 추한 말은 채찍과 말몰이 막대로만 간신히 몰 수 있다. 그러면 어떻게 추락한 영혼이 다시금 상승할 수 있을까? 그것은 이데아의 세계를 상기하고 열망할 때이다. 마부와 아름다운 말이 방종한 다른 말을 다스리며, 마부는 재갈을 힘껏 당겨 방종한 말의 혀와 턱을 피로 물들이면서 길들여야 한다. 아름다운 말과 마부가 이성을 갖고 '지혜를 사랑하면'(필로소피아), 영혼의 악이 나오는 추한 말은 억압될 수 있다. 이러한 순화와 상기의 과정 속에서 육체가 사멸할지라도, 영혼은 날갯짓하며 천상의 세계로 날아갈 수 있게 된다.

플라톤의 영혼의 삼분설은 '마음의 심리작용'을 의미한다. 마음에는 지적인 영역과 의지적 영역, 그리고 욕구의 영역이 있다. 마음의 정신이 어떻게 감정과 욕망을 다스리느냐가 복된 삶을 누리는 열쇠가 되는 것이다. 기독교식으로 표현하면, 우리의 마음이 하나님의 말씀을 통해서 천국을 상기하며 살아갈 때, 우리 마음은 정화되어 하나님의 나라를 누리며 살 수 있다. 사도 바울이 사용하고 있는 마음의 개념은 플라톤적 사유방식(영혼 개념)이 내포되어있다.

특별히 골로새서 2장 18절에 나오는 '누스로써의 마음'은 육신의 욕망과 혼재되어 있다. "아무도 꾸며낸 겸손과 천사 숭배를 이유로 너희를 정죄하지 못하게 하라 그가 본 것에 의지하여 <u>그 육신의 생각(누스, 마음)을 따라</u> 헛되이 과장하고 머리를 붙들지 아니하는지라." 사도 바울은 여기 "육신의 생각"에서 "생각"을 헬라어 '누우스(νους)'를 쓰고 있다. 이 누스를 개역 개정 성경은 사유 기능인 '생각'으로 번역했다. 그런데 킹제임스 성경은 "fleshly mind"로 번역했다. 우리말로 번역하면 '육신의 마음'이다. 그러므로 바울은 마음이 육신에 종속된 혼재된 상태를 말하고 있다. 플라톤의 영혼 삼분법에 따르면, 영혼의 욕구적인 부분이라 할 수 있다. 고귀한 정신으로 영혼이 제대로 기능을 발휘하지 못하면 '욕구적인 영혼'(τὸ ἐπιθυμητικόν)에 의해서 지배당할 수밖에 없다.

또한 사도 바울이 "마음으로는 하나님의 법을 육신으로는 죄의 법을 섬기노라"(롬 7:25)라고 했을 때, 마음도 카르디아가 아니라, 누스이다. 곧 이성의 기능으로서의 마음은 하나님의 말씀을 따르고자 하지만, 육신은 죄의 법을 따르게 한다는 것입니다. 이 말씀을 플라톤식으로 표현하면, '영혼이 지닌 이성적인 부분'과 '비이성적인 부분'이 서로 갈등하는 현상이라 말할 수 있다. 플라톤의 영혼관은 고대 말에 기독교와 접목되어 서양의 정신사를 지배하는 결정적인 요인이 되었다.

플라톤의 영혼 삼분설이 영혼과 육체와의 결합을 설명하지만, 많은 약점을 가지고 있다. 플라톤은 영혼이 육신을 떠나서도 존재하며, 오히려 육체의 속박을 벗어날 때 자신의 본래 모습을 지킬 수 있다고 주장한다. 그렇다면 왜 영혼은 육체와 결합해야 하는가? 플라톤은 이점에 논리적으로 설명하지 못한다. 플라톤의 영혼관에 대척하고 있는 유물론(materialism, 물질주의)은 영혼을 물질의 산물로 보기 때문에, 영혼과 육체를 분리해 설명할 필요가 없다. 즉 굳이 영혼과 육체의 결합을 설명할 필요가 없다.

플라톤의 영혼론이 갖는 영혼과 육체의 애매한 결합은 그의 제자인 아리스토텔레스에 의해 새로운 방향으로 전개된다. 아리스토텔레스는 영혼과 육체가 분리될 수 없는 것으로 보았다. 그래서 영혼에 관한 유물론적 해석을 하지 않으면서도, 영혼에 관한 나름의 자연과학적 설명을 제시한다. 아리스토텔레스는 『형이상학』에서 세계는 '형상'과 '질료'로 이루어져 있다고 주장한다. 그는 영혼을 몸의 형상으로 그리고 육체를 영혼의 질료로 보았다. 즉 영혼과 육체를 형상과 질료처럼, 분리될 수 없는 것으로 보았다. 영혼은 육체가 몸이 되게 하는 '일차 원인'이지만, 육체를 떠난 영혼은 생각할 수 없다. 다시 말해서 마음은 육체와의 연관성 속에서 설명되는 것이지, 분리되어 설명될 수 없다는 것이다. 그는 정서와 감각 등의 마음 기능들은 육체와 연결 없이 마음 자체만으로 설명될 수 없다고 보았다. 그렇다고 아리스토텔레스는 영혼(마음)이 물질이라고 보지도 않았다. 왜냐하면 영혼은 형상으로 질료인 육체를 몸으로 존재하게 하는 원인이기 때문이다. 즉 영혼 없는 몸은 이미 몸이 아닌 물질 덩어리일 뿐이다.

아리스토텔레스는 영혼(마음)을 세 가지 기능으로 설명한다. 그는 영혼의 개념을 매우 포괄적으로 사용했다. 즉 영혼을 '생명의 원리'로 보고 있다. 그는 살아있는 모든 생명체에는 영혼이 있다고 보았다. 그래서 영혼을 '식물의 영혼', '동물의 영혼', '사람의 영혼'으로 구분했다. 식물의 영혼은 영양 섭취의 기능이다. 양분을 흡수하고 동화작용을 하며 생명을 유지하는 기능이다. 사람에게 적용하자면, 음식물을 먹고 소화하며 자기 몸을 유지하는 기능이다.

두 번째 동물의 영혼은 일종의 감각작용으로 외부 세계에 반응하며, 정보를 획득하는 역할이다. 가령 사물이 지닌 감각적 형상에 반응하여 쾌, 불쾌의 감정을 느끼며 또는 고통을 느끼는 운동이다. 여기서 영혼의 활동적인 운동기능이 발휘되며, 즐거운 것은 추구하고 괴로운 것을 피하는 운동 등을 하게 된다. 셋째, 사람의 영혼으로 오직 사람이 가질 수 있는 '지성적 사유기능'이다. 그런데 사람의 영혼은 식물이 갖는 영혼의 기능과 동물이 갖는 영혼의 기능을 모두 가지고 있으면서, 동시에 인간만이 갖는 고차원적 사유기능을 갖는다. 즉 인간은 식물적인 것과 동물적인 것 위에 지성적인 사유기능을 가지고 있다.

인간 영혼이 갖는 지성적인 영역은 세계의 근원을 탐구하며 형이상학적 세계로 나아가는 통로가 된다. 인간의 마음은 감각적 욕구에 만족하지 않고, 보다 고차원적 세계를 지향한다. 아리스토텔레스는 이러한 영혼의 지성을 신적 세계로 나아가는 힘으로 보고 있다. 아리스토텔레스는 『영혼론』에서 지성의 영역을 '능동지성'과 '수동지성'으로 구분한다.[9] '수동지성'이 수행하는 사유는 육체적인 것과 연결되어 있다. 이것은 감각의 인식작용으로 얻은 자료들을 토대로 사유한다. 그래서 순수한 사유작용이 아니며, 세계의 참된 모습을 완전히 파악할 수 없다.[10] 즉 수동지성은 영혼의 불완전성을 말한다. 그러나 '능동지성으로서의 영혼'은 완전한 사유로서 전체 세계의 형상을 자신 안에 담을 수 있다. 그러므로 능동지성은 마음 수양을 통해서 도달해야 할 최고의 단계이다.

이상에서 아리스토텔레스의 영혼 기능을 통해서 마음을 정리하면, 사람의 마음은 생명을 유지하는 기초적 영역에서 시작하여 감각 영역과 지성의 영역까지 포괄한다. 그런데 아리스토텔레스가 지성의 영역을 다시 '수동지성'과 '능동지성'으로 구분하듯, '정신으로서의 마음'에는 수동적인 부분과 능동적인 부분이 존재한다. 수동적인 부분은 정신으로서 마음이 여전히 육체적인 요구에 완전히 벗어나지 못한 단계라고 할 수 있다. 그래서 우리 마음은 능동지성으로 상승해가야 한다. 곧 마음 수행을 통해서 하나님의 나라를 경험하는 세계로 나아가야 한다.

그러나 마음과 몸에 관한 보다 정교한 이론은 근대 철학자 데카르트에게서 발견할 수 있다.

---

9. 이태수, 『형상으로서 영혼』, 같은 책, 58쪽 참조.
10. 아리스토텔레스의 수동지성의 역할을 사도 바울이 골로새서 2장 18절에 언급한 육신의 생각(마음)과 연관해서 생각해 볼 수 있다. 수동지성이 육체의 감각작용에 의지하고 있으므로 참된 진리를 파악할 수 없듯이, "육신의 생각" 곧 육체에 근거한 정신(마음)은 온전한 진리를 깨달을 수 없다.

3) 데카르트의 마음과 육체의 이원론

데카르트(R. Descartes)는 마음과 육체/몸의 상관성을 어떻게 보고 있는가? 이 문제는 그의 '정신'과 '물질'에 관한 주장에서 살펴볼 수 있다. '정신'과 '물질'은 무엇을 우선하여 보느냐에 따라 '관념론자' 혹은 '유물론자'로 나눌 수 있다. 그런데 데카르트는 '정신'과 '물질'이 독립된 실체라고 주장한다. 이 관점에서 보면, 분명히 데카르트는 '이원론자(dualist)'다. 왜 데카르트는 이런 주장을 했는가? 그가 볼 때, 정신은 나누어질 수 없는 속성이 있지만, 물질은 나누어질 수 있다. 정신은 '사유(思惟)'를 속성으로 삼고 있지만, 물질은 연장(延長)을 속성으로 가지고 있다. 다시 말해서 정신은 장소의 제한을 받지 않고 사고하는 실체이지만, 물질은 사고하지 않는 연장된 실체이다. 데카르트는 정신으로 물질까지 설명하려는 시도(관념론)나, 물질로 정신을 설명하려는 시도(유물론)에 제한을 건 것이다. 즉 데카르트는 '정신'과 '물질'의 독립성을 주장하면서, '정신과학'과 '자연과학' 영역을 열어놓은 것이다.

그런데 사람은 정신과 육체로 구성되어 있다. 사람은 정신과 육체(물질)가 서로 영향을 미치고 있다. 이런 현상을 어떻게 설명할 수 있는가? 특별히 마음과 육체로 한정해서 보자면 더욱 그러하다. 마음은 '비물질적인 사유'에 해당하며, 육체는 '물질적인 연장'으로 구성되어 있다. 만일 두 사이가 독립적 실체라 한다면, 우리 몸에서 나타나는 현상을 어떻게 설명할 수 있는가? 가령, 정신적인 고통을 당하고 있을 때, 전혀 음식을 먹지 못하거나, 먹는다고 해도 소화불량이 생기는 경우를 설명할 수 있는가? 우리는 실제 삶에 있어서 마음과 육체가 상호 작용하는 현상들을 자주 경험할 수 있다. 육체가 아플 때, 마음이 약해지는 경우가 있고,

마음이 힘들 때 육체도 피곤함을 느낄 수 있다. 그렇다면 데카르트는 자기주장의 한계를 어떻게 극복하고 있는가?

데카르트는 사람에게 마음과 육체의 접촉점이 있다고 주장한다. 그는 뇌 아래쪽의 '송과선'이라는 조그마한 기관이 이런 역할을 한다고 주장한다. 사람의 육체가 받은 자극은 신경 계통을 통해서 송과선에 전달되고, 이 송과선에 전달된 자극이 마음에 영향을 미친다. 그리고 이와 반대로 마음이 어떤 의지나 생각을 품고, 그것이 송과선을 통해서 육체에 전달되어 외부 세계에 영향을 미치게 된다. 이처럼 육체가 마음에 영향을 주고, 마음이 육체에 영향을 미친다. 데카르트는 송과선을 마음과 육체가 직접적인 상호작용이 일어나는 '영혼의 자리'로 보았다.

그러나 여전히 데카르트의 송과선에 관한 주장은 마음과 육체에 관한 논리적인 한계에 직면한다. 즉 양립할 수 없는 두 개의 실체가 송과선을 통해서 상호작용을 한다는 것은 이미 실체이기를 포기했다는 자기모순을 범하게 된다. 다시 말해서 마음과 육체가 실체로서의 존재를 포기했다는 것이다. 그러나 우리가 데카르트의 주장을 통해서 배울 수 있는 것은 그가 본격적으로 뇌를 마음작용의 중심으로 제기했다는 점이다.

4) 데카르트 이후의 심신 관계의 양상

데카르트의 '정신(마음)'과 '물체(육체)'의 이원론은 '인문과학'과 '자연과학'의 구분을 가져왔으며, 각기 분과 학문의 발달을 가져왔다. 그러나 심신 이원론은 후대 철학자들에 의해 많은 공격을 받게 된다. 즉 '관념론 철학'과 '유물론 철학'에 의해 동시에 비판을 받았다. 특별히 라이프니츠(Leibniz, 1646-1716)는 정신적 실체라는 '단자'(monad)를 통해서 온 우주를 설명하고 있다. 그의 단자론은 독일 관념론 철학으로 이어져 세계를 절대정신으로 해석하는 헤겔(Hegel, 1770-1831) 같은 철학자가 나오게 된다. 헤겔은 정신과 육체, 이념과 현실의 이원론을 극복하고 정신의 변증법적 전개 과정으로 세계를 설명한다.

그러나 헤겔의 정신철학은 포에르바하(Feuerbach, 1804-1872)와 칼 마르크스(K. Marx, 1818-1883)에 의해서 비판받게 된다. 그들은 정신이 아닌 물질의 변증법적인 전개 과정으로 세계를 설명한다. 포이에르바하는 종교를 인간 욕망의 투영으로 보며, 영혼불멸설을 부정한다. 포이에르바하의 유물론은 마르크스에 의해 정교하게 체계화된다. 마르크스는 물질에 존재론적 우위성을 부여하며, 물질이 의식을 지배하며 끊임없이 운동하고 변화한다고 보았다. 즉 물질이 '정(these)-반(antithese)-합(synthese)'이라는 변증법적 운동 법칙에 따라 끊임없이 변화되며, 의식도 이런 기초 위에 있다고 보았다.

마르크스는 마음의 독립성과 실체성을 부정했다. 마음이 물질적인 삶을 규정하는 것이 아니라, 물질적인 삶이 마음을 규정한다. 즉 사람의 마음은 사회적 관계에 의해 형성되며, 사회적 관계가 마음을 규정한다. 이 같은 마르크스의 마음의 물질론은 오랜 정신사를 지배해온 마음의 고귀함과 초월성을 무시하고, 마음을 환상에 불과한 것으로 여기게 했다. 사람의 마음은 고결하지 않고 때로는 동물적이고 잔인하며 상처를 주고받는 지극히 연약한 것이다.

또한 마르크스는 마음을 자연성에 기반을 둔 진화의 산물로 여겼다. 전통철학이 마음에 근거해서 인간을 고귀한 존재로 여겼다면, 마르크스는 현실의 조건 속에서 살아가는 '자연주의적 인간'을 주장했다. 그러므로 사람의 마음 역시 인간의 고귀한 영원성의 상징이 아니라, 물질적 생산력의 발전 단계에 따라 변화되고 형성되는 것이다. 마르크스의 '자연주의적 인간관'과 '과학주의' 그리고 '물질주의'가 결합하면서 인간의 마음에 관한 신비한 환상들이 깨지고, 마음을 신경세포의 작용으로 설명하는 '환원주의(Reductionism)'가 등장하게 된다.

4. 현대 뇌 과학과 마음철학

1) 환원주의와 마음

1970년대에 들어와 심리학, 신경과학, 언어학, 철학, 컴퓨터 공학 등 여러 학문이 학제 간의 연구를 통해서 마음의 본성을 과학적으로 탐구하기 시작했다. 특별히 신경과학자들은 뇌의 연구가 마음의 본성을 설명할 수 있는 키로 보았다. 즉 마음을 인간 뇌 작용의 산물로 보았다. 그래서 마음의 작용을 뇌의 물질작용으로 환원시켜서 설명했다. 철학적으로 말하면, '환원적 유물론(Reductive Materialism)' 혹은 '환원적 물리주의'라 말할 수 있다.

'환원적 유물론'은 세계의 구성을 물질로 보며, 사람의 의식, 가치, 지식, 마음 등까지 물리적으로 설명될 수 있다는 것이다. 마음에서 일어나는 사건은 두뇌에서 일어나는 현상에 불과하다. 가령, 사람이 어떤 고통을 느꼈다고 할 때, 이 고통은 신경세포 C로 환원시켜 설명할 수 있다는 주장이다. 즉 마음이 표현하는 심리적 현상을 모두 물리적 요소로 환원시킨다. '환원적 물리주의'는 마음의 병을 약물로 치료하려는 경향을 더욱 촉진시켰다. 이제 마음의 병을 약물로 치료하는 것이 거의 일반화되어 있다. 특히 진보한 과학이 마음의 신비를 뇌의 작용으로 하나씩 풀어내자, 물리주의는 더욱 확고한 기반을 갖게 되었다.

신경과학자들은 뇌가 없다면 마음도 없다고 주장한다. 이것은 뇌가 사람의 생각과 행위를 통제하기 때문이다. 그래서 뇌를 자극하여 사람의 마음과 생각을 바꿀 수 있다고 보았다. 특히 그들의 주장은 동물실험을 통해서 논증되기 시작했다. 그런데 여기서 사람의 마음과 동물의 마음이 같은가?라는 의문을 제기할 수 있다. 개나 고양이도 마음이 있는가? 인간과 가장 가까운 종인 침팬지의 경우는 어떠한가? 과학자들은 실험을 통해서 침팬지가 감성과 의지만이 아니라, 지성도 갖고 있음을 증명했다. 침팬지는 사람의 마음과 같은 고차원적 정신작용까지는 할 수 없지만, 낮은 단계의 마음을 갖고 있다고 증명했다.

　아리스토텔레스는 동물에게도 영혼이 있다고 주장했다. 동물의 영혼은 인간의 영혼보다 낮은 단계의 영혼이다. 그래서 사람과 같은 고차원적 마음작용은 하지 못하지만, 낮은 단계의 마음작용은 할 수 있다. 그런데 침팬지는 자신이 생각하고 있다는 것을 생각하지 못한다. 즉 침팬지에게는 '추상 능력'이 없다. 그러므로 인간의 마음이 가진 독특한 추상 능력은 동물과는 본질적으로 구별된 인간의 존재론적 위상을 말해 준다.

2) 뇌 과학과 명상

　현대 인지과학자들은 풍부한 과학적 지식에도 불구하고, 여전히 마음에 관한 형이상학적 영역을 풀지 못하고 있다. 즉 환원적 물리주의가 한계에 직면하면서, 역으로 마음이 뇌에 영향을 미치는 연구들이 나오기 시작했다. 하버드 대학 의학과 교수인 허버트 벤슨(H. Benson)은 물리주의에 대항하여, 마음과 신체에 관한 새로운 연구를 내놓았다. 그의 연구는 심신의학 분야의 '정전'이라 할 수 있는 『이완반응』(The

Relaxation Response)으로 출간되었다. 그는 그동안 환자를 치료하던 약품과 외과적 치료 중심을 환자의 셀프 케어 중심으로 전환해야 한다고 주장했다. 특별히 '초월명상(Transcendental Meditation)'을 하는 수행자들에 관한 과학적 연구를 통해서 마음이 어떻게 물질적 변화를 가능하게 하는가를 증명했다. 즉 마음수련이라 할 수 있는 명상(마음수련)이 심박 수, 대사율, 혈압 등 물리적 신경작용의 변화를 가져왔다.

허버트 벤슨은 1967년 초월명상 수행자 36명을 대상으로 연구한 결과 명상 전후에 혈압, 심장 박동수, 체온 등 생리현상의 변화가 현저함을 밝혔다. 그는 이런 현상을 '이완반응'이라 했다. "이완반응이란 스트레스에 의해 촉발된 교감신경계(SNS)가 과잉 활동하는 반응에서 평화와 안정 상태를 주도하는 부교감신경계(parasympathetic nervous system: PNS)의 기능이 우세하도록 바뀐 상태를 말한다."[11]

허버트 벤슨은 티벳 종교 지도자인 달라이 라마의 도움으로 해발 오천 미터가 넘는 히말라야 산맥에서 수행하는 수도승들의 명상을 과학적으로 연구할 수 있었다. 수도승들은 영하 18도의 극한 추위에서도 작은 옷 하나만 걸친 채 명상 수행을 하였다. 그런데도 이들은 건강과 활력을 유지하면서, 의식이 얼마든지 육체를 조정할 수 있음을 증명했다. 티벳의 수도승들은 추운 히말라야 산에서 '열-생성 명상(heat-producing meditation)'을 수행함으로 경이로운 생리적 제어능력을 터득했으며, 이런 악조건에서도 스트레스를 경험하지 않았다.[12] 허버트 벤슨 박사는 명상(마음수양)을 통해서 고혈압, 당뇨, 불안과 스트레스 등을 조절할 수 있음을 과학적으로 증명했다. 즉 마음수행을 통해서 물리

---

11. 정현갑, 『명상에 답이 있다: 뇌를 움직이는 마음의 비밀』(담앤북스, 2019), 65쪽.
12. 허버트 벤슨 저, 양병찬 옮김, 『이완반응: 명상을 어떻게 과학적인가』(페이퍼로드, 2020), 45-47쪽 참조.

적 고통을 치유할 수 있음을 과학적으로 입증한 것이다.

티베트의 정신적 지도자 달라이 라마는 2005년 12월 세계 신경과학계 전문가들이 참석한 미국 신경과학학회(Society for Neuroscience) 연례 총회에서 기조 강연을 했다. 달라이 라마의 주제는 '명상의 신경과학(The Neuroscience of Meditation)'이었다. 달라이 라마는 이 강연에서 명상(묵상)이 뇌에 미치는 영향에 대해 발표했다. 그동안 과학자들은 뇌가 마음작용을 하는 주체로 보았는데, 역으로 마음 치료(명상)가 뇌의 변화를 가져오고 사람에게 안정감을 준다고 발표했다. 달라이 라마는 정서와 사고, 인지 활동 등 마음이 뇌에서 형성된다 하더라도, 마음이 다시 뇌에 영향을 미쳐서 뇌의 물질적인 변화를 일으킨다는 과학적 증거들도 제시했다.

오늘날 명상은 종교적 차원을 넘어서, 병원, 기업, 학교 등에서 일반화되고 있다. 특별히 미국의 첨단과학 회사들이 있는 실리콘 밸리에서는 명상 열풍이 불고 있다. 회사마다 짧게는 한두 달, 길게는 7개월짜리 명상 프로그램을 만들어 직원들에게 교육기회를 제공한다. 기업들이 명상에 관심을 두는 이유는 직원들의 집중력을 높이고 창의성을 촉진하기 위해서이다. 또한 병원에서도 우울증, 불안감, 인격장애 등과 같은 마음의 병을 치유하기 위해서 명상을 사용하기 시작했다.

그런데 상대적으로 기독교는 묵상을 마음 치료에 효과적으로 이용하지 못하고 있다. 기독교의 묵상은 수도원의 역사와 함께한다. 수도사들은 영신 수련의 방법으로 묵상과 기도를 하고 있다. 특별히 말씀 묵상은 많은 치유의 기적을 일으켰다. '치유하다'라는 말은 헬라어로 '테라퓨오(θεραπεύω)'이다. '테라퓨오'는 육체의 치료만이 아니라, 영혼의 치료까지 포함한다. 즉 '테라퓨오'는 '고치다'라는 뜻 이외에, 종교적, 제의적 의미인 '섬기다', '봉사하다'라는 뜻도 있다. 예수님은 질병 치료만이 아니라, 영혼의 치유도 하셨다.

기독교는 타 종교와 비교하면 묵상에 관한 콘텐츠가 풍부하다. 그런데도 묵상에 관한 체계적이고 과학적인 연구가 진행되지 못하고 있다. 그러므로 이제라도 우리는 '임상으로서의 묵상'에 관한 과학적이고 체계적인 연구를 해야 한다.

5. 결론: 마음의 치료학으로써 철학

플라톤은 철학자가 '영혼의 의사가 되어야 한다'고 주장했다. 사람은 영혼의 정화를 통해서 참된 세계로 나아갈 수 있다. 그래서 어떻게 욕망을 다스리고, 영혼이 자유를 찾아서 참된 진리를 발견할 수 있는가를 자신의 철학적 과제로 삼았다. 플라톤의 노력은 관념론 철학의 큰 줄기를 형성했으며, '삶의 치료제로서의 철학'이 형성되기 시작하였다. 임마누엘 칸트(I. Kant)는 철학이 삶의 치료제가 되어야 한다고 주장했다.[13] 철학은 이론적 탐구를 넘어서 삶의 의미성과 정체성으로 고통받는 사람에게 '실천적 지식'을 제공해야 한다. 실천적 지식은 자연과학적 지식이 아니라, 고통의 근원을 깨닫게 하는 지식이다. 가령, 사람이 고통을 느낄 때, 물리적으로 해결하려는 치료자로서의 의사가 있다면, 철학자는 고통 그 자체가 무엇인가를 밝혀서 삶의 고통이 주는 본질적인 문제를 치유하는 자이다. 그러므로 철학은 고통의 물리적 요소를 탐구하는 의학적 지식을 넘어서, 그것의 근원적 지식을 제공하는 기반이다. 이런 의미에서 철학은 '마음의 치료학'이다.

삶의 의미 성찰로 마음의 병을 치료하려는 대표적인 심리학자로 오

---

13. 김정현, 『철학과 마음의 치유: 니체, 심층심리학, 철학 상담 치료』(책 세상, 2013), 119쪽 참조.

스트리아 빅터 프랑클(Viktor Frankl, 1905-1997)을 들 수 있다. 그의 심리학은 '제1의 심리학 프로이트(S. Freud)', '제2의 심리학 아들러(Alfred W. Adler)'에 이어 '제3의 심리학'으로 불린다. 그는 프로이트와 아들러 심리학의 한계를 실존주의 철학을 기반으로 해결하고 있다. 빅터 프랑클은 프로이트가 '욕망이론'에 기반을 두고 있고, 아들러가 니체의 '권력의지론'에 기반을 두고 있는 것에 반하여, '삶의 실존적 의미'를 해석하는 데 집중했다. 그가 주장하는 '로고테라피'(Logotherapy)는 '로고스(logos)'와 '치유(therapy)'가 결합한 말이다. 여기서 '로고스(logos)'는 '의미(meaning, Sinn)'를 뜻하며, 삶의 의미를 발견하여 마음을 치유하는 학문이다.[14]

빅터 프랑클은 현대사회에 만연된 우울증, 중독, 공격성, 자살 등과 같은 집단 신경증 증세를 일종의 '실존적 공허'로 파악했다. 이것들은 인생이 덧없다는 태도나, 운명적인 태도, 인격 부정 현상으로 드러난다. 즉 이것들은 삶의 궁극적인 가치와 의미를 찾지 못한 데서 나오는 현상이다. 그러므로 이러한 것들은 정신적 고통이기에 의학적인 약물치료로 해결되지 않는다. 다시 말해서 의미상실을 겪는 삶의 위기에서 오는 것이기에, '로고테라피'를 통해서 해결될 수 있다.

'로고테라피'는 환자의 삶에서 상실될 수 있는 '의미'를 재발견하는 것이다. 빅터 프랑클은 절망의 공간이라 할 수 있는 아우슈비츠 강제 수용소에서 마음을 포기하지 않고, 삶의 의미를 발견하며 죽음의 환경을 넘어섰다. 즉 사람이 죽음의 환경에 놓여있을지라도 삶의 의미를 발견한다면, 그 상황을 이겨낼 수 있다는 것이다. 다시 말해서 그는 사람의 마음이 환경과 상황에 영향받지만, 그것에 완전히 종속되지는 않는다고 주장한다. 가령, 지금 배가 고프지만 내가 먹지 않는 빵 한 조각이 누군

---

14. 김정현, 앞의 책, 352쪽 참조.

가에게 훌륭한 한 끼 식사가 된다면 인간은 배고픔이라는 결핍을 참고, 그 빵 한 조각을 누군가에게 줄 수 있는 존재이다. 또한 나의 결단이 이웃과 공동체를 위해서 의미가 된다고 생각하면, 기꺼이 자신이 당할 수치와 모욕을 견딜 수 있는 존재이다. 이처럼 마음이 갖는 의미는 인간을 움직이는 근원적인 동인이라 할 수 있다.

필자는 빅터 프랑클의 '로고테라피'는 기독교의 '말씀 치료'와 접목될 여지가 많다고 생각한다. 우리가 고난의 의미를 발견할 때, 더 이상 고난이 아니라 새로운 미래의 기반이 될 수 있다. 그러므로 마음작용을 통해서 얻는 '의미'는 물리적 조건을 넘어서는 삶의 근원적 기반이라 할 수 있다.

국내 철학계에서도 마음을 철학으로 치료하려는 시도가 다양하게 진행되고 있다. 강원대학교 철학과 이광래 교수는 『마음, 철학으로 치료한다』에서 신경정신과 의사들이 일정한 진단 매뉴얼에 따라 처방전을 주고, 화학 약물로 마음의 병을 치료한다고 지적한다. 의사의 처방전은 환자에 관한 의학적 용어와 기호 그리고 약 등이 마치 화학 분자식처럼 기록되어 있다. 처방전에는 공감과 사랑의 서사가 없다. 이광래 교수는 신경정신과의 처방전에 대해 다음과 같이 말하고 있다.

"신경정신과의 처방전은 가장 은밀한 문서다. 표면적으로 그것은 증세를 밝힐 수 없는 약물 청구서지만 신경정신과 임상의와 제약회사가 숫자로 암호화해 공동으로 만든 어둠의 묵시록이자 비밀스러운 합의 문건이다."[15]

필자가 이광래 교수의 말에 전적으로 동의하지는 않지만, 우리 현실

---

15. 이광래, 김선희, 이기원 공저, 『마음, 철학으로 치료한다: 철학 치료학 시론』(지와사랑, 2011), 27쪽.

의 어두운 단면을 보고 있는 듯하다. 마음의 병들이 병원이라는 공간에서 도식적인 질병으로 재생산되고 있다. 왜 이런 현상이 발생하는가? 인간을 기계적이고 물리적인 관점으로만 해석하기 때문이다. 인간의 마음은 물리적으로 환원될 수 없는 성질들이 많다. 그러나 과학주의적인 사고방식은 갖가지 환원주의를 가져왔다.[16] 이런 환원주의적 세계관이 인간을 물질로, 유전자로, 혹은 사회적 조건에 조작되는 수동적 존재로 규정하게 했다.

이제 우리는 인간을 총체적으로 통찰해야 한다. 인간은 정신과 육체가 한 쌍을 이루고 있다. 그러므로 정신(마음)으로 육체(물질)의 모든 것을 설명하거나, 육체(물질)로 정신(마음)의 모든 것을 설명하려는 방식을 넘어선 통합적 연구가 필요하다. 이런 면에서 철학은 우리 시대의 문제를 해결하는 근원적 학문이라 여겨진다. 철학은 전통적으로 영혼(정신)과 육체(물질)의 문제에 천착해 왔고, 그 연구의 성과들이 상당히 축적되어 있다. 이제 그 연구들에 대한 '메타(meta) 연구'를 함으로써 우리 시대가 요구하는 마음의 치료학을 새롭게 정립해 가야 한다.

---

16. 서울대학교 철학사상연구소, 『마음과 철학 서양편 (하)』(서울대학교출판문화원, 2018), 115쪽.

■ 참고문헌

강성훈.「플라톤 영혼의 세 부분」『마음과 철학 서양편(상)』(서울대학교출판문화원, 2017).

김상환.「이원론과 정념론」『마음과 철학 서양편(상)』(서울대학교출판문화원, 2017).

김정현.『철학과 마음의 치유: 니체, 심층심리학, 철학상담치료』(책세상, 2013).

마티유 리카르. 볼프 싱어 대담. 임영신 옮김.『나를 넘다 뇌과학과 명상, 지성과 영성의 만남』(쌤앤파커스, 2017).

문석윤.『동양적 마음의 탄생』(글항아리, 2014).

이광래, 김선희, 이기원 공저.『마음, 철학으로 치료한다: 철학 치료학 시론』(지와사랑, 2011).

이태수.「아리스토텔레스 형상으로서 영혼」『마음과 철학 서양편(상)』(서울대학교출판문화원, 2017).

정현갑.『명상에 답이 있다: 뇌를 움직이는 마음의 비밀』(담앤북스, 2019).

정호근. "마르크스 천상에서 지상으로 내려온 마음",『마음과 철학 서양편(상)』(서울대학교출판문화원, 2017).

최인숙.『칸트의 마음철학』(서광사, 2017).

허버트 벤슨 저. 양병찬 옮김.『이완반응:명상을 어떻게 과학적인가』(페이퍼로드, 2020).

Part II 인간은 무엇인가?
인간에 관한 철학적 신학적 접근

I. 문제 제기: 나는 누구인가의 실마리

나는 누구인가?라는 물음은 '자아정체성(Identity)'에 관한 물음이다. '자아'는 '나'를 '나'이게 하는 근원이다. 그렇다면 나를 '나'이게 하는 것은 무엇인가? 이 문제에 대답하는 것은 만만치 않다. 과연 나는 나를 알 수 있는가? 우리는 때로 여러 개의 나를 보기도 한다. '과거의 나'를 보며, '현재의 나'를 보기도 한다. 그리고 '미래의 나'를 기대해 보기도 한다. 우리는 내 안의 다양한 자아를 보고 놀라곤 한다.

궁극적이고 변치 않는 자아는 있는가? 아니면 자아는 사회적 관계 속에서 끊임없이 변화하는가? 자아는 철학의 물음이며, 종교 물음이기도 하다. 불교는 자아를 부정하고 무아(無我)를 주장한다. 즉 고정된 실체로서의 나는 없다는 것이다. 모든 존재는 끊임없이 변화하기 때문에, 영원한 실체는 존재하지 않는다. 자아는 나 아닌 수많은 타자와의 관계 속에서 존재하는 비실체적인 연기(緣起)의 산물일 뿐이다. 쉽게 말해서 실체적인 자아는 없고 사회적 관계의 산물이라는 말이다.

그러나 관념론 철학에서는 실체적 자아가 있다고 주장한다. 다양한 자아를 있게 하는 '근원적인 자아', 곧 '초월론적 자아'가 있다는 주장이다. 독일 철학자 에드문트 후설(E. Husserl)은 초월론적 자아를 위해 현상학적 환원을 주장한다. 후설은 현상학적 환원을 통해 '순수자아'에 이르고, 이 자아를 통해 세상을 인식할 때, 비로소 참된 진리에 도달할 수 있다고 주장한다. 그러나 유물론은 초월론적 자아는 없고, 자아를 진화된 물질의 생성물로 본다.

그런데 나는 누구인가라는 물음에 제대로 응답하기 위해서는 인간이 무엇인가? 라는 물음에 먼저 답해야 한다. 그래서 '인간은 무엇인가?'라는 문제에 '철학적 신학적 접근'을 시도하려 한다. 필자가 말하는 "철학적 신학적 접근"은 인간 존재에 관한 물음을 철학적으로 답하고, 동시에 그 한계를 신학적으로 답하는 방식이다. 이 같은 접근 방식은 철학과 신학을 동시에 잘 알고 있어야 가능하다. 물론 필자가 지닌 능력의 한계를 잘 알고 있다. 필자가 과거 철학을 공부하고 가르치는 사람이었으나, 지금은 성서를 연구하는 목회자일 뿐이다. 그래서 철학적 신학적 접근이 능력을 벗어난 다소 위험한 도전이라 말할 수 있다. 그러나 위험한 도전을 통해서 학문 간의 벽을 허물고 통섭의 관점을 제공해 보려고 한다.

그런데 한 가지 미리 언급할 사항은 이번 논문에서는 1차 문헌들에 관한 언급 없이, 그동안 필자가 공부하고 머릿속에 있던 지식을 정리하는 수준에서 답할 것이다. 그러므로 본 논문은 전문적인 학술 논문이라기보다는 필자의 언어로 재해석된 보고서 수준이다. 다시 말해서 인간 문제에 관해 제기된 주제들에 관한 필자의 철학적 신학적 관점을 정리한 것이다.

2. 인간은 무엇인가?

오늘날 인간은 무엇인가?라는 물음은 우리가 화급히 응답해야 할 문제이다. 인간이 무엇인가?라는 근원적 질문에 관한 답이 있어야, 비로소 인간 삶을 통해서 제기되는 다양한 문제들에 대답할 수 있다. 가령, 인권, 성 윤리, 생명 의료윤리, 과학기술 윤리, 생태 윤리 등 심지어 동물권 등 다양한 인간 삶과 연관된 문제들은 본질적으로 '인간이 무엇인가?'라는 물음과 연관되어 있다. 그러므로 인간의 본질에 관한 물음이 분명히 정리될 때, 파생된 다양한 문제들에 제대로 답할 수 있게 된다. 그래서 이번 다아트 아카데미의 첫 번째 발표를 「인간은 무엇인가?: 인간에 관한 철학적 신학적 접근」으로 삼았다.

1) 인간의 존엄성에 관한 논쟁

가. 철학적 입장

왜 인간은 존엄한 존재인가? 왜 인권은 존중받아야 하는가? 왜 동물을 존엄한 존재라고 부르지 않는가? 도대체 그 근거가 무엇인가? 일반적으로 철학자들은 이 근거를 인간 이성에 두고 있다. 이성은 동물과 구별되는 인간만의 고유한 특성이다. 곧 인간이 이성적인 존재이기 때문에, 존엄한 존재라는 것이다. 이것을 흔히 '고전적 인간관'이라 부른다. 고전적 인간론은 이성의 사유기능을 강조하면서, 동물과 인간의 본질적 차이를 주장한다.

근대철학의 창시자라 할 수 있는 데카르트는 그의 철학의 제일 원리로 '사유하는 주체'를 강조했다. '생각하는 내'가 있기 때문에, 타자도 세계도 존재한다는 것이다. '사유하는 나'가 없으면, 다른 것들은 의미가 없다. 그래서 데카르트는 "나는 생각한다. 고로 나는 존재한다(cogito ergo sum)"라고 주장한다. 곧 사유하는 주체로서의 인간만이 존엄한 존재이다.

우리는 여기에 다음과 같이 반론을 제기할 수 있다. 그렇다면 사유하지 못한 인간은 존중받지 못하는가? 누군가 불행하게도 무뇌아로 태어난다면 그는 당장 죽어야 하는가? 또한 식물인간은 어떠한가? 비록 그가 사유기능을 상실했지만, 여전히 그는 존엄한 인간이다. 이것에 대해 누구도 이의를 달지 않는다. 만일 우리가 인간 이성에 존엄성을 두었을 때, 그 이성의 기원은 어디인가? 인간 이성은 어디서 생겨난 것인가? 고전적 인간론은 인간 이성의 기원에 명쾌하게 설명하지 못한다. 단지 이성을 '본유관념'으로 선천적으로 주어진 것으로밖에 달리 설명할 수 없다.

반면에 유물론적 인간론은 인간 이성을 물질에서 파생된 것으로 여긴다. 유물론은 모든 것의 근원을 물질로 보고 있다. 철학의 시조라 할 수 있는 그리스의 탈레스(Thales)는 만물의 근원을 '물'로 보았다. 그는 모든 것이 물에서 기원한다고 보았다. 그의 영향을 받은 아낙시메네스(Anaximenes)는 '공기'를 만물의 근원으로 보았다. 그리고 엠페도클레스(Empedokles)는 4원소설로 흙, 물, 공기, 불 등을 주장했다. 마지막으로 유물론 철학의 창시자라 할 수 있는 데모크리토스(Democritus)는 만물의 근원을 '원자'로 보았다. 그는 세계의 모든 것이 원자로 구성되어 있으며, 세계는 이 원자들과 비어있는 공간으로 이루어졌다고 주장한다. 사람도 원자의 결합체이며 죽으면 다시 원자로 환원된다.

그런데 유물론이 진화론과 결합하여 인간에 관한 새로운 해석이 제기된다. '유물론적 진화론'은 물질의 생성변화가 진화 과정을 통해서 고등동물이 발전한다는 것이다. 그러므로 유물론적 진화론 관점에서 본다면, 인간의 이성은 진화의 산물이다. 곧 인간 이성은 진화의 최종 산물이다. 그런데 진화론의 바탕은 인간과 동물이 근원적으로 동질적이라는 점에서 시작한다. 인간과 동물의 차이는 단지 진화의 정도상 차이일 뿐이다. 그렇다면, 어떻게 인간만의 고유한 본질을 통해서 인간의 존엄성을 부여할 수 있을까? 유물론적 진화론은 인간에게만 고유한 존엄성을 부여하기 힘들다. 즉 유물론적 진화론은 인간의 존엄성에 대한 명확한 답을 줄 수 없다.

단지 인간 존엄성도 '사회적 합의의 산물'이라고 주장할 수밖에 없다. 내가 너를 인정할 때 나의 권리가 인정받을 수 있기 때문에, 서로의 합의에 의해 존엄성을 유지하게 된다. 필자는 지금까지 인간의 존엄성에 관한 철학적인 입장을 살펴보았다. 크게 고전적 인간론과 유물론적 진화론 관점에서는 인간의 존엄성 문제를 가볍게 접근했다. 그러나 살펴보았듯이, 철학은 인간 이성의 기원 문제부터 시작해 왜 인간이 존중받아야 하는지에 대한 명확한 답을 주지 못하고 있다. 이러한 한계를 극복하기 위해 철학자 막스 셸러(M. Scheler)가 '철학적 인간학'을 주창했다. 그러나 그가 집대성하려고 했던 철학적 인간학은 갑작스런 죽음으로 미완의 숙제로 남아있다.

나. 성경이 말하는 인간의 존엄성(인권)

지금까지 언급했듯이 필자는 철학을 공부하면서 인간의 존엄성에 관해 명쾌한 해답을 찾지 못했다. 그러나 회심 후, 성경을 읽고 신학을 공부하면서 이 물음의 실마리를 발견할 수 있었다. 솔직히 고백하면, 필자가 그동안 철학적으로 고민하고 의문시했던 대부분의 문제에 대한 답을 성경에서 찾을 수 있었다. 인간은 왜 존중받아야 하는가? 필자는 크게 두 가지 근거를 제시하려고 한다.

첫 번째 이유는 사람이 하나님의 형상으로 지음받았기 때문이다.

> "하나님이 자기 형상 곧 하나님의 형상대로 사람을 창조하시되 남자와 여자를 창조하시고(창 1:27).

창세기 1장 27절은 '인간의 존엄성'과 '성 정체성'에 관해 중요한 답을 제공한다. 하나님이 "자기 형상 곧 하나님의 형상대로" 사람을 창조하셨다. 여기서 "형상"은 히브리어 '첼렘(צלם)'을 말한다. 첼렘은 '닮음(likeness)', '초상(representation)' 등 '긍정적인 의미'와 '허상', '이미지(image)', '우상(idol)' 등 '부정적인 의미'를 동시에 내포하고 있다. "하나님의 형상대로"에서 첼렘은 '닮음', '유사' 등의 의미로 '신성의 분유'를 말한다. 즉 하나님이 자신의 형상대로 사람을 창조하시면서 하나님의 신성을 우리에게 부여하신 것이다. 그래서 사람은 '만물의 영장'이 되었으며, '존엄한 존재'가 되었다.

성경의 어떤 곳을 찾아봐도, 인간 이외에 하나님이 자기 형상대로 창조하셨다는 말씀이 없다. 하나님은 유일하게 인간만을 자신의 형상대로 창조하셨다. 그러므로 모든 인간은 마땅히 존중받아야 한다. 즉 인간의 권리는 어떤 상황에서도 침해당해서는 안 된다. "하나님의 형상대로"라는 말씀은 사람을 사람답게 하는 본질이다. 다시 말해서 우리 안에 하나님의 첼렘이 있기 때문에, 우리는 하나님과 소통할 수 있다. 물론 선악과 범죄를 통해서 인간 안에 하나님의 형상이 일부 손상되었지만, 완전히 파괴된 것은 아니다. 그러므로 우리가 매일 말씀을 묵상하며 살아갈 때 우리 안에서 손상된 하나님의 형상이 온전해질 수 있다.

하나님이 인간에게 주신 첼렘을 철학적으로 표현하면, 이 첼렘은 '**형이상학적 세계로 들어가는 창**'과 같다. 형이상학은 자연 세계를 넘어서, 존재의 근원을 연구하는 학문이다. 종교적 언어로 표현하면, '신의 영역의 세계'를 말한다. 이것에 관한 연구가 어떻게 가능한가? 하나님이 우리에게 자신의 형상을 부여했기 때문이다. 철학은 형이상학 세계의 통로를 인간의 '정신(spirit)'으로 보고 있다. 다른 말로 하면 '이성(reason)'이라 말할 수 있다.

칸트는 인간의 인식체계를 '감성(Sinnlichkeit)'과 '오성(Verstand)' 그리고 '이성(Vernunft)'으로 구분하고 있다. 사람은 오감을 통해서 대상을 지각하고 그 내용물들은 오성의 범주체계 속에서 구성됨으로 인식이 형성된다. 그런데 이러한 인식을 가능하게 하는 선험적 형식이 있는데, 그것은 '시간'과 '공간' 그리고 '카테고리'이다. 이러한 것들은 경험적으로 얻어진 것이 아니라, 선천적으로 주어진 것들이다. 우리식으로 말하면 하나님이 주신 것이라 말할 수 있다.

그런데 칸트는 인간의 이성은 끊임없이 현상을 넘어서 근원적인 것을 인식하려는 본성이 있다고 주장한다. 즉 이성은 현상을 있게 하는 근원적인 것이 무엇인가? 신은 존재하는가? 영혼은 불멸하는가? 등을 알려고 한다. 이러한 주제들은 존재 자체의 문제이며, 동시에 형이상학적 문제이다. 칸트는 형이상학적 세계를 "물자체(Ding an sich)"로 표현한다. 그런데 인간 이성이 물자체의 세계에 다가가면 갈수록 '가상(schein)'만 생길 뿐, 근원적인 탐색이 불가능하다고 결론짓는다. 그래서 칸트는 『이성의 한계 내에서 종교』(Die Religion innerhalb der Grenzen der bloßen Vernunft)를 쓰게 되었다. 즉 칸트는 형이상학적 세계의 문제를 초월적 종교의 영역으로 남기고, 인간 이성 범위 안에서만 한정해서 글을 쓰게 된 것이다. 그렇다고 인간이 형이상학적 세계를 무시하고 살 수는 없다. 우리는 끊임없이 존재의 근원에 관심을 가진다. 곧 형이상학은 인간의 포기할 수 없는 주제이다. 왜 그럴까? 하나님이 사람을 그렇게 창조하셨기 때문이다.

그러므로 필자는 사람을 '자연적 존재'이며 동시에 '형이상학적인 존재'라고 정의하려고 한다. 바울의 표현으로 바꾸면, '육적인 존재'요 동시에 '영적인 존재'이다. 또 다른 표현으로 하면, '땅의 존재'요 동시에 '하늘의 존재'이다. 왜 우리는 사람을 이같이 규명할 수밖에 없는가? 하나님이 사람을 자신의 형상대로 지으셨기 때문이다. 그러므로 우리가 땅에 살고 있지만, 땅의 나를 존재하게 하는 근원은 하나님의 첼렘임을 기억해야 한다. 곧 첼렘이 인간을 인간답게 하고 내 안의 신성을 실현하는 동력이 되는 것이다. 즉, 사람이 존엄한 존재가 된 것은 하나님의 형상대로 지음받은 그 자체에 있다.

두 번째 인간이 존중받아야 할 이유는 '하나님의 생기'에 있다.

> "여호와 하나님이 땅의 흙으로 사람을 지으시고 생기를 그 코에 불어 넣으시니 사람이 생령이 되니라"(창 2:7).

하나님은 사람을 땅의 흙으로 지으셨다. 여기서 땅은 '아다마(אדמה)'이고 흙은 '아파르(עפר)'이다. '아파르'는 '먼지', '티끌', '재' 등을 말합니다. 사람의 질료는 '물질(흙)'이다. 그러나 사람은 물질로만 이루어진 것이 아니다. 그것이 무엇인가? 하나님의 생기이다. 하나님이 땅의 흙으로 사람의 모양을 만들고, '하나님의 생기'를 불어넣어서 사람이 되게 하셨다. 그렇다면 사람을 사람 되게 하는 근원적인 본질은 무엇인가? '하나님의 생기'이다. 이것을 필자는 인간과 동물이 구별되는 '본질 규정'이라고 부른다.

그렇다면 생기는 무엇인가? "생기"는 히브리어로 '니쉬마트(נשמת) 하임(חיים)'이다. 니쉬마트는 '호흡', '기운', '영혼' 등으로 번역되는 네샤마(נשמה)와 관계된 말이다. 그리고 '하임'은 생명으로 번역되는 '하이(חי)'의 복수형이다. 그러므로 '니쉬마트 하임'을 직역하면, '생명들의 기운'이라고 말한다. 하나님이 흙먼지 덩어리인 사람에게 생명들의 기운을 불어넣어서 사람이 되게 하신 것이다. 이것을 아리스토텔레스의 철학으로 정의하면, '사람의 질료'는 흙이며, '사람의 형상'은 생기이다. 그런데 히브리 성경은 이 같은 인간 존재를 '네페쉬(נפש) 하야(חיה)'라고 부르고 있다. 개역개정성경은 '네페쉬 하야'를 "생령"으로 번역하고 있다.

여기서 우리는 큰 문제를 만나게 된다. 히브리 성경은 하나님이 모든 유기체 중에서 유일하게 사람에게만 '니쉬마트 하임'을 불어넣어 주셨다고 기록했다. 이런 측면에서 보면, 인간은 하나님이 직접 생기를 불어넣은 유일한 존재이다. 곧 다른 말로 하면 하나님의 형상이 '분유'된 존재가 된 것이다. 그러므로 어떤 상황에서도 인간의 존엄성은 존중되어야 한다. 즉 인권은 보편적 권리로 모든 사람에게 인정되어야 한다.

그런데 문제는 성경이 '네페쉬 하야'라는 말을 인간만이 아니라, 다른 생명체에도 쓰고 있다. 가령, 창세기 1장 20절에, "하나님이 이르시되 물들은 생물을 번성하게 하라 땅 위 하늘의 궁창에는 새가 날으라"는 말씀에서 생물을 '네페쉬 하야'를 쓰고 있다. 즉 땅의 동물들과 하늘의 새들도 '네페쉬 하야'다. 그렇다면 인간과 동물 사이에 본질적인 차이가 없다는 말인가? 그렇지 않다. 인간과 동물이 '숨 쉬는 존재(영혼)'라는 측면에서는 동일하다. 이런 면에서 인간도 동물의 범주에 포함된다. 그러나 성경은 하나님이 인간에게만 생기를 불어넣었다고 기록했다. 이것은 무엇을 의미하는가? 인간에 부여한 생기는 동물을 있게 하는 생기와 같으면서도 다르다는 것이다. 우리가 히브리어 네페쉬를 '영혼(soul)'이라고 번역할 때, '인간의 영혼'은 '동물의 영혼'과는 다르다는 말과 같다.

네페쉬(영혼)는 모든 생명체의 원리이다. 생명체를 움직이고 숨 쉬게 하는 것은 네페쉬다. 이같은 관점은 모든 생명의 근원을 영혼으로 보는 아리스토텔레스의 철학과도 상통한다. 아리스토텔레스는 식물의 영혼, 동물의 영혼, 인간의 영혼이 있다고 주장한다. 여기서 영혼은 유기체의 생명 원리를 말한다. 그러나 인간의 영혼에는 동물에게 없는 '고차원적 사유기능'이 있다. 이것은 다른 말로 '이성'이라 부르며, '정신'이라고 부르기도 한다. 이 부분에 대해 보다 정교하게 철학적으로 정리한 사람이 막스 셸러이다. 그는 주저인 『우주에 있어서 인간의 지위(*Die Stellung des Menschen im Kosmos*)』에서 인간 존재를 다음과 같이 분석한다.

셸러는 사람을 자연적 존재로 설명하면서 동시에 자연적 존재로 설명할 수 없는 특별한 것이 있다고 주장한다. 그것은 인간과 동물이 구별되는 '철학적 본질 개념'이다. 그는 인간 본질을 규명하기 위해 먼저 인간과 동물이 공유하는 '네페쉬(?)'의 세계를 네 단계로 분석해 설명한다.[17]

셸러는 네페쉬(영혼)를 가진 존재의 가장 낮은 단계의 특성을 '감각충동(Gefühlsdrang)'으로 제시하고 있다. 이것은 무의식적인 단계로

---

17. 필자가 네페쉬에 (?) 의문 부호를 붙인 이유는 막스 셸러가 네페쉬라는 말을 직접 쓰지 않았기 때문이다. 그는 독일어로 Seele(영혼)으로 표기하고 있다.

식물이 자연에 대응하는 방식이다. 두 번째 심적 세계의 단계는 '본능(Instinkt)'이다. 본능은 하등동물의 본질을 이루고 있으며, 욕구 지향적이다. 즉 욕구와 욕망에 의해서 움직이는 세계이다. 세 번째 심적인 단계는 '연상적 기억(assoziatives Gedächtnis)'이다. 동물이 갖는 일종의 '조건반사'와 같은 기억이다.[18] 동일한 행동의 횟수에 의존해 거기에 자신의 행동이 반응하는 것이다.

네 번째 심적인 단계는 '실천적인 지능(praktische Intelligenz)'이다. 심리학자 볼프강 쾰러(W. Köhler)는 실천적 지능이 동물에게도 있다는 것을 침팬지 실험을 통해서 보여준다. 우리에 갇혀 있는 원숭이가 천장에 매달려 있는 바나나를 따 먹기 위해 주변에 있는 상자나 막대기를 이용한 것이다. 이것은 원숭이가 사전 학습이 없는 상태에서 도구를 이용한 실천적 지능을 보여준 것이다.

셸러는 심적 세계의 4단계로는 인간과 동물에 큰 차이가 없다고 주장한다. 곧 정도상의 차이가 있을 뿐이다. 그런데 인간에게는 다른 동물에게서 전혀 발견할 수 없는 것이 존재한다. 셸러는 이것을 '정신(Geist)' 혹은 '인격(Person)'이라고 부른다. 인간은 정신을 통해서 세계를 대상화하여 '열린 세계(개방된 세계)'를 만들어간다. 그런데 셸러는 인간의 정신을 무엇이라 정할 수 없는 '미지수 X'라고 규정한다.[19] 정신은 무엇이라고 분명히 정의할 수 없지만, 인간에게만 있는 독특한 특성이다. 결국 철학자 막스 셸러는 인간의 정신을 통해서 우주의 인간만의 독특한 위치를 주장한다. 즉 인간의 존엄성이 인정되는 지점은 다름 아닌 '정신'이다.

성경에도 인간의 네페쉬와 동물의 네페쉬 차이를 볼 수 있다. 곧 죽은

---

18. 김종헌, 『쉘러. 우주에서 인간의 지위』(UUP, 2001), 33쪽 참조.
19. 김종헌, 같은 책, 44쪽 참조.

후에 네페쉬가 돌아가는 방향이 다르다. 전도서 3장 21절을 보면, "인생들의 혼(루아흐)은 위로 올라가고 짐승의 혼(루아흐)은 아래 곧 땅으로 내려가는 줄을 누가 알랴"고 말씀하고 있다. 사람과 짐승의 질료가 흙이기 때문에 한 곳으로 간다. 그러나 하나님의 생기로 지음받은 사람의 혼(루아흐)은 위로 올라가고, 짐승의 혼(루아흐)은 땅으로 내려간다. 여기서 혼을 히브리어 '루아흐(רוח)'로 쓰지만, 그 의미는 네페쉬와 동일하게 쓰이고 있다. 이것이 인간과 동물의 차이가 아니고 무엇인가? 그렇다면 이 정신의 기원은 어디인가? 철학자들은 선험적으로 주어졌다고 말한다. 혹은 본유관념으로 주어졌다고 말한다. 그러나 필자는 이 정신의 기원이 하나님의 생기에 있다고 판단한다. 즉 하나님이 흙으로 지으시고 불어넣은 생기이다. 이 생기를 통해서 사람이 사람만의 본질적인 특성을 갖게 되고, 생령된 존재로서 살아갈 수 있게 되었다.

2) 성 정체성에 관한 논쟁

가. 남성과 여성 그리고 제3의 성

최근 우리 사회의 화두 중 하나는 '젠더(gender)'이다. 젠더는 생물학적 성 결정론에 반대하여, 사회문화적인 성을 주장한다. 즉 성은 유전적으로 결정되는 것이 아니라, 사회적 환경에 의해서 만들어진 것이다. 그래서 생물학적 성을 특징짓는 '섹스(sex)'라는 말보다는 사회문화적인 성을 지칭하는 '젠더'를 주로 사용한다.

생물학주의자들은 성은 자연적이고 유전적으로 결정된다고 주장한다. 유전적 호르몬에 의해서 남녀의 성징과 특성이 결정된다고 주장한다. 그래서 남녀의 성별화된 교육이 필요하다는 입장이다. 그러나 이런 주장에 반대의 물꼬를 연 사람은 시몬 드 보부아르(S.D. Beauvoir)이다.

그녀는 '여자란 무엇인가?'라는 물음에 관한 생물학적 대답은 정당하지 못하며, 그것은 '잘못된 답변'이라 비판한다.[20] 그녀는 『제2의 성』에서 여성은 '태어나는 것이 아니라', '사회적으로 만들어진 것'이라 주장한다. 보부아르는 생물학적 조건 자체가 남성과 여성을 구분할 기준이 되지 못한다고 비판하며, 생물학적 조건을 존재론적, 경제적, 사회적, 심리학적 전체 관계를 통해서 조명한다.[21]

즉 역사의 흐름 속에서 자연이 어떤 형태로 여자 속에 나타나고, 인류가 여자를 어떤 것으로 만들었는가를 통찰한다. 또한 그녀는 프로이트 학파에 의한 성에 대한 정신분석학적 주장을 철저히 남성 중심적 시각에서 이루어진 연구 결과라고 거부하며, 역사적 유물론에 관한 일부 주장을 받아들인다. 이같은 보부아르의 영향은 여성학자들의 연구에 의해서 보다 정교하게 발달되었다. 급기야 여성의 몸의 자유를 주장하면서 성적 자기 결정론을 주장하게 되었다.

필자는 여기서 성경이 말한 성별이 무엇이고, 성의 본질이 무엇인가만 정리할 것이다. 하나님이 창조한 성은 무엇인가? 다시 창세기 1장 27절로 돌아가 보자.

> **"하나님이 자기 형상 곧 하나님의 형상대로 사람을 창조하시되 남자와 여자를 창조하시고"**(창 1:27).

하나님은 자신의 형상대로 남성과 여성을 창조하셨다. 남자는 어떤 존재인가? 히브리어 '자카르(זכר)'로 '숫컷', 곧 '남성'을 말한다. 반면에 여자는 히브리어 '네케바(הנקבה)'로 '암컷' 곧 '여성'을 말한다. 하나님은

---

20. S. d. Beauvoir, Le Deuxieme Sexe, 조홍식 옮김, 『제2 의성』(을유문화사, 1999), 9쪽.
21. 같은 책, 70쪽.

남성과 여성 이외에 '제3의 성'을 지으시지 않았다. 곧 생물학적으로 생식이 가능한 남자와 여자만 지으신 것이다. 그래서 하나님이 남자와 여자를 지으시고 생육하고 번성하고 땅에 충만하라고 하신 것입니다.

> "하나님이 그들에게 복을 주시며 하나님이 그들에게 이르시되 생육하고 번성하여 땅에 충만하라 땅을 정복하라 바다의 물고기와 하늘의 새와 땅에 움직이는 모든 생물을 다스리라 하시니라"(창 1:28).

하나님이 남자와 여자에게 복을 주시고, 가장 먼저 생육하라고 하셨다. '생육하다'라는 말은 히브리어 '파라(פרה)'로 '다산하다'는 뜻이다. 곧 '자녀 생식'을 말한다. 그리고 "번성하여"라는 말은 자녀를 많이 낳으라는 명령이다. 이 모든 것은 남자(숫컷)와 여자(암컷)의 생식을 통해서 가능하다. 하나님은 남녀의 성관계를 통해서 생육하고 번성하고 땅에 충만하길 원하셨다. 그러므로 성경이 말한 성의 본질은 기본적으로 '생식'에 있다. 성경은 생식이 불가능한 제3의 성은 인정하지 않고 있다.

나. 성의 본질과 동성애
성경이 남녀의 성적 관계를 표현한 최초의 말씀은 창세기 4장 1절이다.

> "아담이 그의 아내 하와와 동침하매 하와가 임신하여 가인을 낳고 이르되 내가 여호와로 말미암아 득남하였다 하니라"(창 4:1).

여기서 "동침하매"는 히브리어 '야다(ידע)'이다. '야다'는 기본적으로 '알다'라는 뜻이다. 즉 '시각', '청각', '촉각' 등 감각 기관을 통해서 인식하는 것이다. '야다'는 '감각적 지각'을 시작으로, 고차원적인 '이성적 사유'

까지 포괄한다. 즉 '야다'는 몸 지각에서 출발하여 추론적 지식까지 확장되어 사용된다. 그러므로 '성관계로서의 야다'는 타자에 관한 인식이며 앎이다. 하나님은 성을 통해서 서로를 알아가게 하셨다.

하나님이 하와를 창조하여 아담에게로 데려왔을 때, 아담은 "이는 내 뼈 중의 뼈요 살 중의 살이라"(창 2:23)고 노래했다. 아담은 자신과 동침할 여자가 "내 살 중의 살"임을 알았다. 그러므로 성관계는 남자와 여자의 살이 서로 만나는 것이다. 특별히 남자는 여자가 자기 살의 일부임을 깨닫고 인격적인 관계로 나아가야 한다. 하나님은 부부가 '야다' 함으로써 서로를 알고 한 몸을 이루어 가게 하셨다.

아담과 하와의 야다 결과물이 "가인"이다. 그러므로 성의 일차적인 의미는 생식에 있다. 즉 창세기 1장 28절에서 하나님이 복을 주시고 생육하고 번성하라는 말씀의 완성이 바로 성(야다)이다. 그렇다고 하나님이 성을 생식 기능으로만 한정하셨을까? 하나님은 부부 사이의 친밀감을 위해서도 성을 허락하셨다. 우리가 히브리어 야다의 의미에서 발견했듯이, 성은 서로의 몸을 느끼는 것(아는)이다. 이것을 다른 말로 하면 '에로티시즘(eroticism)'이다. 부부는 에로티시즘을 통해서 하나 됨을 더욱 깊이 느낄 수 있다. 그러므로 우리는 성의 본질을 크게 '생식'과 에로티시즘(쾌락)으로 나눌 수 있다.

그런데 문제는 과학이 발달하면서 성이 갖는 생식 기능보다 쾌락의 기능이 더 커졌다는 것이다. 시험관 아이, 대리모 등 다양한 방식의 생식이 가능하게 되었다. 반면에 성의 에로티시즘은 날로 확장되고 있다. 그러나 문제는 욕망이 또 다른 욕망을 만들어내는 데 있다. 곧 사람의 에로티시즘은 더 깊은 에로티시즘에 빠지게 한다. 왜 그런가? 인간의 욕망은 끊임없이 재생산되며, 절대 충족되지 않기 때문이다. 인간은 끊임없이 욕망의 미혹함에 끌려간다. 결국 욕망은 죄를 낳고, 죄는 사망에 이르게 한다(약 1:15).

정신분석학자 프로이트는 이러한 에로티시즘의 극단에 '죽음충동(Thanatos)'이 숨 쉬고 있음을 경고한다. 즉 프로이트는 에로스가 인간의 근원 충동이지만, 이것을 무제한 허용했을 때 죽음에 빠질 수 있음을 경고한 것이다. 다시 말해서 에로스의 근처에는 죽음이 도사리고 있다.

그러나 프랑스의 문화학자 조르주 바타유(G. Bataille)는 금기의 위반으로서의 성을 강조한다. 에로티시즘이 사회적 금기를 넘어설 때, 더욱 짜릿한 쾌감을 느낄 수 있다. 그래서 성의 본질을 금기의 위반으로 보고 있다. 또한 그는 에로티시즘을 인간만의 고유한 본질로 보면서 성의 해방을 주장한다. 동물은 주로 생식을 위해 성행위를 한다. 그러나 인간은 생식이 아닌 에로티시즘을 위해 성행위를 한다는 데 주목한다. 그는 에로티시즘을 '작은 죽음'이라고 말한다. 사람이 에로티시즘을 느낄 때 '작은 죽음'을 경험한다. 그 작은 죽음이 몸을 자극하면서 본질적인 쾌감을 느끼게 한다. 여기서 성적 가학성이 나오게 된다. 결론적으로 말하면 바타유는 그동안 생식에 갇혀 있던 성을 '쾌락의 지평'으로 확장시켰다. 오늘날 이런 관점으로 성 이론을 주장하는 학자들이 너무 많다. 대개는 '포스트모더니즘(postmodernism)' 계열의 학자들이다.

우리가 이런 관점에서 보면 동성애를 비판할 수 없다. 만일 성의 본질을 쾌락에 둔다면, 동성애를 비판할 근거를 찾을 수 없다. 동성애를 즐기는 사람들은 이성 간의 관계에서 전혀 쾌감을 느끼지 못한다. 또한 양성애자들도 있다. 그들은 이성애와 동성애를 모두 즐기는 자들이다. 그들 모두는 '성의 본질'을 '쾌락'에 두고 있다. 그래서 보다 자극적이고 강렬한 쾌감을 즐기기 위해서 다양한 방식의 성행위를 갖는다. 그들은 왜 이성 간의 성행위만 정당하냐?라고 반문한다. 그때 우리는 어떻게 답변할 수 있을까? 그리스도인들은 성경을 제시하며 반박할 수 있지만, 만일 그들이 하나님을 믿지 않으니 성경도 믿지 않는다고 했을 때, 과연 어떤 논리로 그들을 비판할 수 있을까?

우리가 그들에게 들이댈 수 있는 것은 '자연스럽지 못하다는 것'이다. 자연스럽지 못하다는 말은 '익숙하지 않다는 것'이다. 즉 우리가 관습적으로 하는 방식이 아니라는 논리다. 이때 그들은 이러한 성행위는 문화와 전통에 의해서 강요된 억압된 방식이라고 비판할 것이다. 그렇다면 우리는 이와 같은 성행위는 몸의 생물학적 기능에도 적합하지 않다고 논박할 수 있다. 여기서 성의 역사에 관한 탐색이 시작된다. 사실 동성애는 인류의 역사와 맥을 같이 한다.

정확한 연대를 계산하기 힘들지만, 대략 B.C 2000년 경 아브라함이 살았던 시대에도 동성애가 있었다. 소돔 성에 거주한 롯이 두 명의 천사를 집으로 초대했을 때, 소돔 성 사람들이 몰려들었다. 그들의 눈에 사람의 모습을 한 천사가 그동안 경험하지 못한 에로티시즘의 대상으로 여겨졌다. 그래서 그들은 "오늘 밤에 네게 온 사람들이 어디 있느냐 우리가 그들을 상관하리라"(창 19:5)고 말한다. "상관하리라"는 말에 히브리어 '야다'를 쓰고 있다. 여기서 야다는 '생식의 성'이 아니라, 에로티시즘의 성이다. 소돔 성 사람들에게 성은 더 이상 생식이 아니라, 욕망의 에로티시즘이 되었다. 타락한 소돔에서 남색과 수간을 의미한 '소도미(sodomy)'라는 말이 나오게 되었다. 우리는 소돔 성의 종말을 잘 알고 있다. 곧 에로티시즘의 극단에 죽음이 있음을 그대로 증명한 것이다.

3) 몸과 육신(살) 그리고 영혼에 관한 담론

여기서 우리는 몸에 관한 바른 인식이 필요하다. 몸의 존재론적 구조는 살(육신), 영혼(혼), 정신(영)으로 이루어져 있다. 살은 외부 세계와 직접적으로 접촉하는 감각 기관이다. 즉 살 지각은 본능적이며 원초적이다. 그래서 살 지각에는 에로스적 욕망이 숨 쉬고 있다. 감각적인 살의 욕망을 따라가는 삶은 우리를 죽음으로 인도한다. 바울은 "육신(살)의 생각은 사망이요, 영(정신)의 생각은 생명과 평안"(롬 8:7)으로 보고 있다. 여기서 '육신(살)'은 헬라어로 '사르크스($σάρξ$)'이며, 히브리어로는 '바사르(בשׂר)'이다.

살에 관한 죽음의 경고는 신, 구약성경이 동일하다. 성경은 '바사르로서의 사람'에 대해서는 끊임없이 경고하고 있다. 노아의 홍수심판이 있기 전 사람들의 모습이 어떠했는가? 하나님은 노아에게 "혈육 있는 자의 포악함이 땅에 가득하다"(창 6:13)고 하셨다. 여기서 "혈육 있는 자"가 바사르로서의 인간이다. 바사르는 '살덩어리', '고깃덩어리의 인간'을 말한다. 하나님의 생기가 사라지고 철저히 욕망에 이끌려 가는 존재를 말한다. 결국 하나님은 이런 인간을 보시고 한탄하시면서 홍수심판을 내리셨다.

하나님은 아브라함을 부르시고 할례 언약을 명령하셨다. 할례는 무엇인가? 욕망의 살에 하나님의 말씀을 새기는 것이다. 할례는 욕망의 껍질을 벗겨내고 그 위에 언약을 새기는 것이다. 그래서 할례에는 매우 중요한 영적인 의미가 있다. 할례는 하나님의 말씀으로 욕망을 동여매는 것이다. 왜 그래야 하는가? '살의 양면성' 때문이다. 살은 인간 삶의 근원적인 에너지를 제공한다. 그러나 동시에 살에는 에로스적 충동이 자리하고 있다. 그러므로 살의 원초적 에너지를 잘 조절하지 않으면, 에로스적 충동 속으로 끊임없이 미끄러져 간다. 그래서 바울은 살의 생각이 얼마나 위험한가를 끊임없이 경고하고 있다.

그런데 우리는 '살(flesh)'과 '몸(body)'의 차이를 알아야 한다. 몸은 하나님의 형상을 담지하고 있고, 하나님의 생기가 숨 쉬고 있다. 그래서 바울은 우리의 몸을 "성령의 전"(고전 6:12)이라 부른다. 그러므로 몸과 육신(살)은 존재론적으로 동일하지 않다. 그런데도 이 관계를 오해하는 분들이 많다. 그래서 마치 기독교가 몸을 억압하는 종교처럼 생각한다. 이런 생각이 지나치면 금욕과 절제를 강요한다. 하나님은 우리가 몸을 억압하는 것이 아니라, 내주하신 성령의 음성을 들으며 거룩하게 가꾸길 원하신다.

그렇다면 우리 몸은 누구의 것인가? 내 몸의 결정권은 나에게 있는가? 세상은 내 몸의 결정권은 나에게 있다고 주장한다. 그래서 성적 자기 결정권, 낙태, 자살 등을 권리로 주장한다. 심지어 알게 모르게 '의도적 안락사'도 자행되고 있다. 즉 환자가 자기 죽음의 결정권을 주장하며 의사에게 약물 투여를 주장하는 것이다. 비록 고통을 호소하는 환자의 주장이지만, 의도적 안락사는 살인의 경계에 있다.

아무튼 요즘 과학기술이 발달함에 따라 인간의 존엄에 관한 새로운 문제들이 제기되고 있다. 성경은 우리 몸에 대해 어떻게 말하고 있는가? 바울은 "너희 몸은 너희가 하나님께로부터 받은바"(고전 6:19)라고 말한다. 이 말씀은 내 몸의 주인은 내가 아니라 '하나님'이라는 것이다. 그렇다면 답은 간단하다. 우리의 몸을 하나님의 통치에 맡기는 것이다. 예수 그리스도께서 하신 것처럼 말이다. 예수님의 몸은 어떤 몸인가? '말씀이 육신이 된 몸'이다. 그런 의미에서 몸은 '정신화된 육체'라고 정의할 수 있다. 정신화된 육체는 성령의 다스림을 받는 몸을 말한다.

우리 몸이 성령의 다스림을 받을 때, 비로소 우리 몸이 의의 병기가 될 수 있다. 그렇지 않으면 우리 몸도 육신의 힘에 이끌려 사망의 늪을 향하게 된다. 그런데 여기서 영혼의 역할을 살펴보자. 우리 몸에서 영혼은 어떤 역할을 하는가? 바울은 영혼을 생명 충동의 에너지로 포함하고 있다.

"육(프쉬키코스)에 속한 사람은 하나님의 성령의 일들을 받지 아니하나니 이는 그것들이 그에게는 어리석게 보임이요 또 그것들을 알 수도 없나니"(고전 2:14).

개역개정성경이 "육에 속한 사람"으로 번역하고 있는데, '육에 속한'이란 말은 헬라어 '프쉬키코스'(ψυχικός)를 쓰고 있다. '프쉬키코스'가 프쉬케(영혼)에서 나온 말로 '혼에 속한'이란 뜻이다. 그러므로 정확하게 번역하면 '육에 속한 사람'이 아니라, '혼에 속한 사람'이다. 바울은 혼에 속한 사람은 성령의 일들을 받지 못한다고 말하고 있다. 그 이유는 무엇인가? 영혼이 육신에 점령당하여 살기 때문이다. 풀어서 설명하면, 교회는 다니지만 여전히 세상 것에 관한 집착을 버리지 못한 자이다. 그래서 대부분 영어 성경은 혼에 속한 사람을 natural man(본능적인 사람, 자연적인 사람)으로 번역하고 있다. NIV 성경은 "The man without Spirit"(성령이 없는 사람)으로 의역하고 있고, RSV 성경은 "The unspiritual man"으로 번역하고 있다. 영혼이 성령에 의해서 관리되지 않으면, 영혼은 육의 힘에 종속될 수밖에 없다.

바울은 영혼의 몸과 영의 몸을 구분하고 있다. "육의 몸으로 심고 신령한 몸으로 다시 살아나나니 육의 몸이 있은즉 또 영의 몸도 있느니라"(고전 15:44). 여기서 "육의 몸"이라고 할 때, '육'은 사르크스(flesh)가 아니라 프쉬키코스(soul)이다. 그러므로 엄밀한 번역은 '혼에 속한 몸'이다. 혼에 속한 몸은 말씀의 통제 아래 있는 '영의 몸'이 아니다. 그러나 하나님의 영에 의해서 영혼의 몸이 속량된다. 곧 마지막 아담인 예수 그리스도는 '살려주는 영'이다(고전 15:45). 그러므로 우리는 바울이 사람의 몸은 살(고깃덩어리), 혼의 몸, 그리고 영의 몸으로 구분하고 있음을 알 수 있다. 바울의 서신서를 보면 사람의 살과 짐승의 살이 동일한 것이 아니다.

"육체(살)는 다 같은 육체가 아니니 하나는 사람의 육체요 하나는 짐승의 육체요 하나는 새의 육체요 하나는 물고기의 육체라"(고전 15:39).

우리는 이 말씀을 통해서 무엇을 느낄 수 있는가? 사람을 향한 하나님의 사랑이다. 하나님은 사람의 살조차도 짐승의 살과 구별하셨다. 오늘날 살은 문학과 예술 그리고 철학의 중심 주제이다. 살은 세계와 소통하는 창이다. 살은 원초적 지각이 시작되며 살 지각은 명료하며 거짓이 없다. 그런데 앞에서 언급했듯이 살이 지닌 이중성이 있다. 우리는 이것을 깊이 명심해야 한다.

3. 생태주의와 인간중심주의

오늘날 자연환경이 파괴되면서 생태 윤리가 전면에 부상하고 있다. 그와 더불어 사람의 권리(인권)를 넘어서 동물권까지 주장하고 있다. 여기에는 생태주의적 세계관이 밑바탕을 두고 있다. 그리스도인은 생태 윤리를 어떻게 실천해야 하는가? 생태주의자들은 인간중심주의 포기를 강력히 주장한다. 특히 그들은 기독교적 세계관이 생태파괴 주범인 것으로 여긴다. 기독교는 인간중심주의 이념을 제공하였고, 인간의 자연 지배를 정당화했다는 주장이다. 이같은 주장은 어디에서 나왔는가? 창세기 1장 28절의 해석에 달려 있다.

"하나님이 그들에게 복을 주시며 하나님이 그들에게 이르시되 생육하고 번성하여 땅에 충만하라 땅을 정복하라 바다의 물고기와 하늘의 새와 땅에 움직이는 모든 생물을 다스리라 하시니라"(창 1:28).

하나님은 창조의 마지막 날, 곧 여섯 날에 사람을 창조하셨다. 왜 사람을 여섯 날에 창조하셨을까? 사람을 위한 하나님의 배려와 사랑이다. 하나님은 사람이 살 수 있는 환경을 만드시고, 비로소 사람을 지으셨다. 곧 하나님은 사람을 위해서 자연을 창조하신 것이다. 그리고 하나님은 복을 선포하시고 생육하고 번성하며 땅에 충만하라 하셨다.

그런데 그다음 명령이 중요하다. "땅을 정복하라", "모든 생물을 다스리라"는 말씀이다. 여기서 '다스리다'는 히브리어 '라다(רדה)'로 '지배하다' '관리하다'라는 뜻이다. 한때 이 말씀은 인간의 자연 지배의 정당화 논리로 이용되었다. 그래서 생태주의자들이 기독교의 자연관이 오늘의 환경 파괴의 주범이 되었다고 비판한 것이다.

하나님의 자연 창조 목적에서 볼 수 있듯이, 하나님의 관심은 인간이다. 곧 그리스도교는 인간중심주의에 근거하고 있다. 생태주의자들은 이 같은 기독교의 인간중심주의가 생태계 파괴의 주요인으로 보고, 인식의 전환을 요구했다. 곧 인간중심주의를 포기하고 모든 생명체의 동등성을 주장한다. '생태주의(ecologism)'는 모든 피조물의 동등성을 주장한다. 생태주의에 영향을 받은 생태신학도 인간중심주의의 포기를 요구한다. 생태주의 신학자들은 인간은 자연의 일부이고, 똑같은 하나님의 피조물이라는데 초점을 두고 있다. 그러므로 그들은 인간이 자연보다 우월하다는 의식을 버려야 한다고 주장한다. 필자는 이 같은 주장이 일부는 맞고 일부는 맞지 않다고 생각한다.

앞에서 언급했듯이, 하나님의 창조과정을 보면, 하나님의 최종 관심은 '사람'이다. 하나님은 모든 것을 인간을 위해서 지으셨다. 그렇다면 인간이 없는 자연이 어떤 의미가 있을까? 하나님은 사람보다 자연을 더 귀히 여기시는 분은 아니다. 그렇다고 인간이 자연을 아무렇게나 마구 대해도 된다는 말은 더욱 아니다.

하나님은 자연 스스로가 자기조절의 시스템을 갖게 창조하셨다. 그러나 인간의 욕심이 그 시스템을 파괴하기 시작했다. 그러므로 하나님도 인간의 타락이 자연의 파괴를 가져왔다고 보고 계신다. 특별히 우리는 하나님이 '땅을 정복하고 모든 생물을 다스리라'는 말씀을 재해석해야 한다. 하나님의 이 명령은 자연에 관한 인간의 관리 책임을 말씀하신 것이다. 다시 말해서 이 말씀은 사람에게 청지기로서의 관리 책임을 위임하신 것이다.

창세기 2장 19절에는, 하나님이 각종 들짐승과 공중의 새들을 지으시고 그것들을 아담에게로 가져다주었다. 그리고 아담이 각 생물들을 부르는 것이 이름이 되게 하셨다. 이것은 무엇을 의미하는가? 하나님께서 자연 만물의 관리 책임을 사람에게 주셨다는 것이다. 하나님은 인간이 스스로 자성하면서 자연을 잘 관리하기를 원하신다. 곧 하나님은 인간과 모든 피조물의 동등성을 주장하신 것이 아니다. 성경은 인간이 중심이 되어 자연에 관한 관리 책임을 지속적으로 강조하고 있다.

생태계의 파괴가 인간에 의해 자행되었듯이 자연의 회복도 인간의 책임 의식에서 시작되어야 한다. 이런 의미에서 인간중심주의는 포기할 수 없는 권리이다. 그렇다고 필자가 야만의 얼굴을 가진 인간중심주의를 주장하는 것은 아니다. 하나님의 관심은 자연과 동물에게 있는 것이 아니라 사람이다. 하나님은 사람을 통해서 모든 일을 해결하신다. 그렇다면 우리는 어떤 인간이 되어야 하는가? 자연에 관한 책임 의식을 아는 정의로운 인본주의자가 되어야 한다. 정의로운 인본주의자는 하나님의 창조 질서를 바로 알고 창조의 사이클을 잘 돌아가게 하는 인간이다.

4. 결론

필자는 지금까지 인간이 무엇인가라는 질문을 철학적으로 또는 신학적으로 정리해보았다. 특별히 철학이 답할 수 없는 인간의 본질 문제를 성서에서 답을 찾고 그 물음에 답하려 했다. 우리는 인권과 동물권, 성 정체성과 동성애, 생명 윤리, 과학기술 윤리, 그리고 생태 윤리 등 시대적 물음에 답해야 할 수많은 문제에 직면해 있다. 이 모든 문제는 결국 인간은 무엇인가?라는 물음에 귀속된다. 인간이 무엇인가?라는 문제가 해결될 때, 인간에 연관한 다양한 문제들에 관한 답을 얻을 수 있다. 그래서 철학자 임마누엘 칸트는 "나는 무엇을 알 수 있는가(인식론)?", "나는 무엇을 해야 하는가(윤리학)?", "나는 무엇을 바랄 수 있는가(종교)?"라는 세 물음을 제기하면서, 이 세 물음은 결국 "인간은 무엇인가(인간학)?"라는 물음에 귀속한다고 하였다.

    필자는 거칠게나마 인간의 본질에 대한 물음에서 시작하여 인간과 연관된 다양한 윤리적 문제에 관한 해답을 시도해 보았다. 그렇다고 필자의 주장이 모든 정답은 아니다. 우리는 끊임없이 물음을 제기하면서 하나님이 주신 지혜의 범위 내에서 정리해가야 한다. 곧 내 주장이 전부 맞다가 아니라, 하나님이 지으신 인간에 관한 나의 작은 이해를 논하는 것뿐이다. 그러나 이 같은 작은 출발에 다양한 지평이 더해져서 우리는 하나님이 원하는 인간 이해에 다가갈 수 있다. 이런 의미에서 본 논문은 철학과 신학이 만나는 작은 출발이다. 철학과 신학이 자신의 한계를 인정하면서 상호 소통할 때, 인간 이해 지평은 더욱 확장되고, 하나님의 형상으로 지음 받은 인간 존재의 존엄성이 더욱 높여질 것이다.

Part III 몸 철학에서 몸 신학으로
몸 철학에 대한 메타적 성찰

1. 문제 제기: '이성'에서 '몸'으로

전통적으로 철학은 인간의 고귀한 가치를 정신에서 발견했다. 그리고 상대적으로 육체는 정신에 의한 억압과 통제 대상으로 간주되었다. 특히 플라톤은 육체를 '영혼의 감옥'으로 여겼다. 육체는 인간 이성이 참된 이데아를 인식하는 데 방해가 된다고 보았다. 플라톤의 대화편 『파이돈』은 소크라테스 생애의 마지막 순간을 기록한 책이다. 플라톤은 이 책에서 독배를 마셔야 하는 소크라테스의 마지막 순간을 자세히 기록했다.

소크라테스는 영혼이 육체에 갇혀 있는 한, 참된 진리의 길을 발견할 수 없다고 말한다. 철학자는 참다운 지식(진리)을 사랑하는 자이다. 철학자는 불변의 진리를 얻기 위해서 육체를 정화해 육체의 속박에서 벗어나야 한다. 곧 죽음을 통해서 영혼은 참된 이데아의 세계로 들어갈 수 있다. 사람의 숨이 끊어질 때 육체는 소멸하지만, 영혼은 그렇지 않다. 영혼은 육체에 생명의 옷을 입게 하는 근거이므로, 또다시 영혼이 있던 본래의 자리로 돌아가게 된다. 그러므로 철학자는 죽음을 두려워하지 말고 죽음을 맞이해야 한다.

플라톤의 육체와 영혼의 대립은 근대철학의 시작이라 할 수 있는 데카르트에 이르러 '이성 중심주의'로 발전하였다. 데카르트는 '감각적 확실성에 대한 회의'에서 시작하여 수학적 진리까지 의심하며, 결국 의심하고 회의하는 자아에 이른다. 곧 의심하고 있는 그 자체만은 결코 의심할 수 없다는 것이다. 이것이 바로 가장 명증적인 진리이며, 철학은 여기에서 출발해야 한다. 그래서 데카르트는 가장 명증적 진리라고 할 수 있는 '사유하는 나'에서 그의 철학을 시작한다. 곧 그는 "나는 생각한다. 고로 나는 존재한다(I think, therefore I am)"라는 대명제를 주장한다.

데카르트는 '사유하는 나'에서 출발하여 세계를 구성해 간다. '사유하는 내'가 있고, 나에 의해서 세계가 구성된다. 다시 말해서 데카르트는 인식하는 주체 없이는 외적 대상의 존재근거를 확보할 수 없다는 것이다. 그래서 사유하는 나를 중심으로 보편적 원리들을 세워간다. 사유하는 나, 곧 인간 이성은 세계의 규범과 도덕을 정초하며 보편주의의 기틀을 세운다.

'근대성(modernity)'은 합리주의 곧 이성 중심주의에 기반을 두고 있다. 이성에 근거한 과학적 인식을 기반으로 세계를 재구성하는 것이다. 그러므로 이성만이 보편적인 원리이고, 도덕과 윤리의 토대가 된다. 그렇지만 이성의 보편적 기준에 맞지 않는 것은 억압되고 통제 대상이 되었다. 근대의 학교, 병원, 감옥 등은 이성의 합리성을 위한 보편적 기제들이다. 국가는 학교를 통해서 보편적 문화시민을 육성했다. 이성에 근거한 보편 규준에 벗어나면 구별되고 차별되었다. 근대병원과 감옥은 이같이 보편적 사회 규범에 맞지 않는 자들이 수용되어 치료되는 곳이었다. 근대 이성은 보편성과 합리성을 가져왔지만, 동시에 개인의 자발성을 억압하는 기제가 되었다. 다시 말해서 근대의 이성은 맹목적 신앙에서 인간을 구원했지만, 또 다른 억압적 기제를 가져온 것이다. 이것은 보편주의가 주는 획일화와 전체주의적 위험성이다. 이성은 보편주의적 원리가 되어 그 원리에 종속되지 않는 것은 억압되고 배제되었다. 이러한 이성 중심주의는 자연스럽게 육체를 억압하는 규율과 통제의 기제가 되었다.

그러나 인간의 몸은 이성만으로 이루어진 존재가 아니다. 인간은 이성과 합리성으로만 설명될 수 있는 존재가 아니기 때문이다. 인간은 정신과 육체가 애매하게 결합된 몸을 지닌 존재이다. 근대 이후 철학자들은 몸에 관한 새로운 성찰과 인식을 하기 시작한다. 곧 인식의 주체가 이성이 아니라, '총체성으로서의 몸'이라는 것을 발견하였다. 몸이 일차적이며 사유하는 이성은 이차적이다. 다시 말해서 몸이 먼저 자극에 반응하고 수용해서 비로소 이성에 의해서 체계화된다. 즉 '몸 지각(body sense)'이 모든 인식의 출발이다.

이성 중심주의에 대한 반란은 철학자 '니체(F.W. Nietzsche)'가 그 물꼬를 트기 시작한다. 니체는 "신은 죽었다(Gott ist tot)"라고 주장하면서 유럽 문명의 종말을 선언한다. 니체는 서양 문화의 기반은 기독교인데, 기독교가 더는 인간 삶의 기준이 될 수 없다는 것이다. 곧 그는 유럽인의 삶의 중심점을 형성해왔던 그리스도교의 종말을 선언하고, 인간이 자신이 대지의 주인이 되어야 한다고 주장한다. 다른 말로 하자면, '로고스 중심주의'의 종말이다. 니체는 로고스 중심주의에 망치질하면서, 운명을 사랑하는 '디오니소스적 긍정'을 삶의 원리로 받아들인다.

니체의 철학은 이성의 합리성에 근거한 근대성의 종말을 알리며, '포스트모더니즘(postmodernism)' 철학의 서막이 되었다. 오늘날 대부분의 사상가들은 니체의 저작들을 통해서 현대문명 비판을 시작한다. 그동안 억압되었던 몸에 관한 인식도 니체를 통해서 부활한다. 니체는 『

차라투스트라는 이렇게 말했다』에서 「몸을 경멸하는 자들에 대하여」 다음과 같이 말하고 있다.

> "몸은 하나의 거대한 이성이며, 하나의 의미로 꿰어진 다양성이고 전쟁이자 평화이며 가축의 무리이자 양치기다. 형제여 그대가 정신이라고 부르는 그대의 작은 이성도 그대 몸의 도구이며, 그대의 커다란 이성의 작은 도구이고 장난감이다."[22]

니체는 인간의 몸을 '거대한 이성 체계'로 보고 있다. 이 말은 정신(이성)이 몸 없이 존재하는 것이 아니라, 몸 자체가 하나의 거대한 정신이라는 것이다. 사람은 현실의 다양한 것들을 직접 몸으로 체험한다. 곧 우리는 몸의 경험과 반응을 통해서 전쟁과 평화를 경험한다. 그래서 니체는 몸은 하나의 의미로 꿰어진 다양성이며, 전쟁이자 평화라고 정의한다. 다시 말해서 니체에게 있어서 정신은 몸의 도구이며, 몸의 산물이다. 작은 이성으로서 정신은 큰 이성으로서의 몸을 벗어나 독립적으로 존재할 수 없다. 다만 정신은 '큰 이성(몸)'에서 발현된 양태일 뿐이다. 결국 니체의 주장은 정신이 독립적인 것이 아니라, 육체라는 물질에 의존적인 존재라는 것이다. 이런 면에서 니체는 유심론 철학을 유물론 철학으로의 전환을 주장하며, 영혼의 불멸성을 주장하는 기독교적 형이상학의 전복을 주장한다. 니체는 사후 세계가 아니라, 몸을 지니고 사는 현세적 삶의 중요성을 강조한다.

물론 필자는 니체의 주장에 전폭적으로 동의하지는 않는다. 그가 주

---

22. 프리드리이 니체, 장회창 옮김, 『차라투스트라는 이렇게 말했다』(민음사, 2019), 50-51쪽.

장하는 땅의 형이상학은 전쟁과 폭력의 또 다른 몸의 학대를 가져오기 때문이다. 그러나 니체가 그동안 몸을 억압의 대상으로만 삼았던 전통 철학의 그늘에서 벗어나게 한 긍정적인 측면은 충분히 받아들인다. 즉 육체를 지니고 현실의 고통을 감내하며 살아가는 인간 몸의 숭고한 가치는 니체가 남긴 소중한 유산이다. 그래서 거의 대부분 포스트모던의 철학자들은 니체의 철학을 자기 철학의 출발점으로 삼고 있다. 그러나 니체의 철학이 가져온 어두운 면도 있다. 그의 몸 철학은 몸이 지닌 형이상학적 가치를 철저히 무시하고 있다. 필자는 본 논문에서 니체의 몸 철학에 영향을 받은 현대 철학자들의 몸 담론을 살피고, 몸에 관한 '메타적 성찰'[23]을 통해서 몸을 지으신 그분의 생각을 묻고자 한다. 그래서 본 논문은 몸 철학과 대화하면서, 동시에 몸 신학으로서의 전환을 시도하는 데 있다.

2. 포스트모더니즘과 몸

1) 소비문화 속의 몸

프랑스 철학자 장 보드리야르(J. Baudrillard)는 현대를 '소비사회'라 칭하며, 소비 개념을 확장시켜서 현대사회 전반을 분석한다. 여기서 소비 개념은 사용가치의 소비를 포함하여, 삶의 행복, 안락함, 지위, 권력 등에 확장된 의미를 지닌다. 현대인은 소비를 통해서 자신의 행복과 사회적 지위, 권력의 형태를 표현한다. 보드리야르는 사물을 단순한 물리적 형체로 파악하는 것이 아니라, '기호'로 파악하며 이것을 사회 전 영역으로 확장 시킨다. 그런데 소비의 대상 중 그 어떤 것보다 아름답고 귀

---

23. 필자가 말한 메타적 성찰은 기존의 몸 담론이 갖는 한계와 의의를 규명하는 작업이다.

중한 멋진 사물이 바로 '육체'이다.

전통적으로 억압적 산물이었던 육체가 몸과 성의 해방을 표방하면서 새로운 소비의 대상으로 등장하였다. 그래서 인터넷, TV, 영화를 보아도, 거리를 걷거나 사람을 만나도 온통 '육체'이다. 다이어트, 성형 수술, 에어로빅, 피부 관리, 슈퍼모델, 게다가 남성의 성형 수술까지 육체의 관심은 남녀 구별을 넘어서고 있다. 이 같은 육체의 홍수 속에서 사람들은 육체를 다듬고 육체를 통해서 자신의 꿈을 실현하려고 한다. 보드리야르는 이러한 현상을 오늘날 "육체가 구원의 대상"[24]이 되었음을 증명한다고 주장한다.

후기 자본주의 사회에서 육체 그 자체와 육체를 이용한 사회적 활동은 사유 재산 일반과 똑같은 지위를 부여받고 있다. 그래서 육체의 관리는 무엇보다 더 중요한 지위를 갖게 되었다. 즉 현재의 생산과 소비구조 속에서 육체는 "자본으로 혹은 물신(物神)으로 간주된다."[25] 다시 말해서 육체는 부정되거나 배척되는 것이 아니라, 의도적으로 경제적 의미에서 투자되고, 동시에 심리적인 의미에서 물신숭배가 되고 있다. 곧 육체는 '자기도취적 나르시시즘'[26]이 되며, 욕망과 소비 주체로 등장한 것이다. 이처럼 포스트모던 사회에서 육체는 재평가되고, 자본의 중심에 위치하며 사회적 재생산의 주체가 되고 있다. 다시 말해서 육체는 하나의 재산으로 관리 정비되고, 사회적 지위를 표시하는 여러 기호 형식 중 하나로 조작되고 있다. 우리는 광고나 TV, 유튜브, SNS 등을 통해서 육

---

24. J. Baudrillard, La société de consommation ses mythes ses structures, 이상률, 옮김,『소비의 사회: 그 신화와 구조』(문예출판사, 1997), 190쪽.
25. 같은 책, 190쪽.
26. 사람은 거울 앞에 선 자기 육체를 보면서 만족하고 자신감을 갖는다. 그래서 육체는 소비의 주체이며, 소비의 대상이 된다. 육체의 아름다움을 위해서 열심히 돈을 벌고 이 돈을 육체를 위해서 다시 소비하는 방식이다.

체가 어떻게 소비되고, 혹은 자기도취적으로 육체에 집착하는가를 알 수 있다. 결국 육체는 향유의 주체이며 동시에 도구가 되고 물신 숭배적 노동의 대상이 되고 있다.

오늘날 육체는 크게 '아름다움'과 '에로티시즘'으로 정의될 수 있다. 이것은 여성만이 아니라 남성도 마찬가지다. 보드리야르는 아름다움이 여성에게 있어서 절대적이며 "종교적인 지상명령"[27]이 되고 있다고 보았다. 그런데 그는 소비사회에서의 아름다움의 윤리는 유행의 가치이며, 기호적 교환가치로 환원하여 정의될 수 있다고 보았다. 이 교환가치는 육체의 본래적 실체를 부정하고 무시하며 기호의 교환과정에서 소멸시켜 버린다. 왜냐하면 소비사회에서 육체의 아름다움은 교환되는 기호의 용구 이외의 다른 것이 아니기 때문이다.

그런데 육체의 아름다움의 지상명령은 성욕의 개발로서의 '에로티시즘(eroticism)'으로 발전된다. 현대사회에서 에로티시즘은 소비의 전 영역에 깊이 침투해 있으며 유행되고 있다. 이제 과거처럼 영혼이 육체를 지배하고 있는 것이 아니라, 피부가 육체를 감싸고 있다. 피부의 색깔이 소비의 주체가 되어, 새로운 에로티시즘을 생산한다. 이때 피부는 화려하고 아름다운 의복, 혹은 별장으로서의 기호와 유행의 준거이다. 오늘날 육체의 해방은 건강한 몸의 조화로운 성장보다는 육체 숭배라는 또 다른 물신을 가져오게 되었다. 그래서 해방된 육체는 다시 사물화되고, 욕망의 기호로 존재할 뿐이다. 보드리야르는 이러한 현상을 "육체는 자기를 대상화하는 특권적 담당자로 소비의 윤리를 이끄는 신화가 되었

---

27. 같은 책, 196쪽.

다"28고 주장한다. 인간의 몸은 가장 아름다운 소비의 기호로서 나르시시즘의 대상이 되며 이윤 창출의 도구가 된 것이다.

2) 성 정체성과 젠더 정치

몸의 해방은 성 정체성에 관한 논쟁을 가져왔다. 남성과 여성은 생물적인가? 아니면 사회문화적인 것인가? 다시 말해서 성을 결정하는 것은 유전인가? 아니면 사회문화적 환경에 의해 결정되는가? 하는 문제이다. 우리가 '성'을 말할 때, '섹스(sex)', '젠더(gender)', 그리고 '섹슈얼리티(sexuality)'를 말한다. 흔히 섹스는 유전적 요인에 의한 성, 즉 생물학적 조건에 의해 구분된 성을 의미한다. '섹스'라는 용어는 16세기에 처음 사용되었고, 이때 이 용어는 남성 집단과 여성 집단 간의 엄정한 분할과 역할 차이를 의미했다. 즉 섹스는 남성과 여성이 자연적으로 차이를 갖는 '본질주의적 입장'을 대변하게 되었다. 또한 '섹스'라는 말은 양성 간의 육체적인 관계와 연관하여 사용되었다. 곧 섹스라는 용어는 남녀의 생물학적 차이뿐만 아니라, 남녀의 성적인 관계, 성적 쾌락, 성적 친밀감 등에 사용되었다.

이에 반하여 '젠더'는 성을 사회문화적 조건 속에서 설명하면서 등장했다. 즉 성은 자연적으로 주어진 것이 아니라, 사회화 과정에서 형성되며 그 역할이 구성된다는 것이다. 젠더 이론은 1970년대 여성 해방운동의 토대가 되었다. 성은 사회적 구성물이기 때문에, 남녀의 성 차이는 본질적인 것이 아니라는 주장이다. 즉 문화적 환경에 따라 남성과 여성의 역할은 변할 수 있다는 것이다. 마지막으로 '섹슈얼리티'는 '생물학적 의미의 성'과 '문화적 의미의 성'을 총괄하는 개념이다. 그러나 여성주의자

---

28. 같은 책, 204쪽.

들은 섹슈얼리티를 젠더의 하부 구성물로 간주하기도 한다.

생물학주의자들은 남녀의 성이 자연적이고 유전적으로 결정된다고 주장한다. 유전적으로 태어난 서로 다른 호르몬이 남녀의 신체적 발달뿐만 아니라, 심리적이고 정신적인 성장까지 영향을 미친다고 주장한다. 이러한 접근방법을 통상 '본질주의적 시각' 혹은 '결정론'이라 부른다. 본질주의자들은 남녀의 성이 유전적으로 결정되기 때문에, 성별화된 교육이 필요하다고 강조한다. 이러한 근거는 사회적 현상을 생물학적 지식을 이용하여 연구한 '사회생물학'에 근거하고 있다. 에드워드 윌슨(E. Wilson)은 공격성에 가장 긴밀하게 연합되어 있는 호르몬을 테스토스테론(testosterone)으로 보고 있다.[29] 그에 의하면 소량의 테스토스테론을 주사 받은 암탉이 좀 더 공격적이 되고 그 집단의 순위 계층에서 더욱 위로 올라갔다고 주장한다. 역으로 암컷 호르몬인 에스트로겐(estrogen)을 척추동물의 수컷에 주입했더니, 덜 공격적이 되었다고 한다.[30] 즉 윌슨은 유전적인 호르몬이 사람의 성을 결정한다고 주장한다. 그가 주장한 사회생물학은 본래 동물 사회에서 나타나는 생리학적 현상을 다루었지만, 인간 사회에도 적용되었다. 생물 진화론의 적자생존이나 자연 선택 원리를 사회 연구에 적용했다는 점에서 스펜서의 사회진화론과 유사하지만, 그 생물학적 기초가 훨씬 견고하다.

이러한 생물주의적 주장에 반하여, 1970년대에 성을 사회 문화적 구성물로 접근하는 연구가 서구 학계에서 활발히 논의되었다. 보부아르는

---

29. E. O. Wilson, Sociobiology: the Abridged Edition, 이병훈 박시룡 옮김, 『사회생물학 I』(민음사, 1993), 309쪽.
30. 같은 책, 311쪽.

'여자란 무엇인가?'라는 물음에서 생물학적 대답은 정당하지 못하며, '잘못된 대답이라'고 비판한다.[31] 그녀는 『제2의 성』에서 여성은 '태어나는 것이 아니라', '사회적으로 만들어진 것'이라 주장한다. 보부아르는 생물학적 조건 자체가 남성과 여성을 구분할 기준이 되지 못한다고 비판하며, 생물학적 조건을 존재론적 경제적 사회적 심리학적 전체 관계를 통해서 조명한다.[32] 즉 역사의 흐름 속에서 자연이 어떤 형태로 여자 속에 나타나고, 인류가 여자를 어떤 것으로 만들었는가를 통찰한다. 또한 그녀는 프로이트 학파에 의한 성에 대한 정신분석학적 주장을 철저히 남성 중심적 시각에서 이루어진 연구 결과라고 거부하며, 역사적 유물론에 관한 일부 주장을 받아들인다.

프리드리히 엥겔스(F. Engels)는 『가족의 기원』에서 원시 시대에는 남녀 두 계급 사이에 평등이 이루어져 있었으나, 사유 재산이 생겨남으로 노예와 토지의 주인인 남자의 수중에 여자도 들어가게 되었다고 주장한다. 엥겔스는 여기에 '여성의 역사적인 커다란 패배'가 있다고 보았다. 사유 재산 위에 구축된 가부장적 제도는 여자를 더욱 억압하게 되었다. 그래서 엥겔스는 여성의 공적 생산에의 복귀를 강조한다. 보부아르는 엥겔스의 주장은 지금까지의 이론보다 일보 전진했지만, 공유 재산제도에서 어떻게 사유 재산제도로 넘어가게 되었는가를 설명하지 못하고, 인간을 경제 관계로만 설명하고 있다고 비판한다. 그녀는 여자를 발견하기 위해서 생물학, 정신분석학, 사적 유물론 등이 끼친 영향을 거부하지 않는다. 그러나 인간의 육체적, 성적 생활 기술 등은 인간 존재의 총체적 구조 속에서 파악되어야 한다고 주장한다.

---

31. S. d. Beauvoir, Le Deuxieme Sexe, 조홍식 옮김, 『제2의 성』(을유문화사, 1999), 9쪽.
32. 같은 책, 70쪽.

보부아르는 '여성다움'이란 존재하지 않으며, 처음부터 없었다고 주장한다. 단지 사회적 관습과 환경 그리고 교육 등에 의해 만들어진 것이다. 그래서 "여자는 태어나는 것이 아니라 만들어지는 것이다."[33] 이러한 보부아르의 관점은 성 정체성에 관한 문화주의적 입장에 지대한 영향을 미친다. 문화주의자들은 남녀 역할은 오랜 역사적 환경에 의해 결정되지만, 이것이 본질적 요인이 아니라고 주장한다. 왜냐하면 여자는 출산의 특성이 있어 아이를 낳고 아이가 젖을 끊을 때까지 오랫동안 집 안에 머물러 살아가기 때문에 애교적이며 감정적인 성격이 발달하게 되었고, 이에 반하여 남자는 식량을 구하러 집 밖으로 나감으로써 거칠고 공격적인 기질을 갖게 되었기 때문이다. 이러한 역사적 과정에서 신체적 힘을 갖고 공격적인 기질이 발달한 남성이 지배적인 위치를 갖게 되었고, 이것이 '성 차이'와 '차별 의식'을 갖게 했다는 것이다. 다시 말해서 성은 특정한 사회적 공간과 역사적 시간 속에서 규정되는 것이다.

오늘날 여성의 몸의 해방과 더불어 성 정체성에 관한 문화주의적 주장이 힘을 얻고 있다. 즉 성 정체성에 관한 문화주의적 입장은 '젠더의 정치'로 자리 잡게 되었다. '젠더 정치'는 가부장적 이데올로기와 저항하며, 여성의 몸에 대한 자율성과 해방을 가져왔다. 젠더 정치는 여성의 몸이 더는 생명 창조와 유아에 종속되는 것이 아니라, 주체적인 나를 만들고 향유하는 몸을 강조한다.

우리는 지금까지 성 정체성에 대한 생물학주의와 문화주의에 관한 주장들을 살펴보았다. 그러면 양측 입장을 종합적으로 볼 수는 없는가? 오스트리아 생물학자이며 철학자인 프란츠 부케티츠(F. Wuketits)는 『사회 생물학 논쟁: 유전인가 문화인가』에서 양측은 인간이 자연적 존재

---

33. 같은 책, 392쪽.

이며, 동시에 문화적 존재임을 간과하고 있다고 비판한다. 인간은 양면성을 지닌 존재로 생물학적 인간학과 문화적 인간학으로 규정될 수 있다.[34] 즉 인간은 자연과 문화의 이중적 본질 구조를 지닌 존재이다. 그래서 인간을 한쪽으로만 규정할 때, 인간의 또 다른 면이 감추어진다. 생물학주의는 사회 문화적 영역에 나타나는 제반 현상을 생물학적 사실과 이론으로만 해석한다. 이에 반해 문화주의는 생물학적 요인을 무시하고 인간을 사회 문화적 관점으로만 규정한다. 양측이 각각 '정치 이데올로기'와 결합하여 인간의 본질을 왜곡하고 억압하는 경우가 많다. 가령 생물학주의는 인간과 그 역사를 생물학적 유전 인자를 통해서 프로그램화할 수 있다는 이데올로기와 결합한다. 생물학주의는 특정 인종의 열등함을 주장하는 이데올로기와 연합하여 우생학적 인종 청소의 제도적 장치를 제공하기도 했다.[35] 반면에 문화주의자들은 인류의 운명은 유전자에 달린 것이 아니라, 수천 년 전에 시작되어 아직도 끝나지 않는 문화적 실험에 달려 있다고 보았다. 그래서 이들은 문화를 통해서 새로운 인간형을 만들 수 있다는 또 다른 이데올로기를 형성하였다.

부케티츠는 유전인가? 환경인가? 혹은 생물학적 결정론인가? 사회 문화적 결정론인가를 둘러싼 논쟁은 한 쪽이 다른 한쪽을 희생시키는 '분열된 인간상'을 초래했다고 보았다.[36] 그는 이 질문 자체가 잘못되었다고 지적한다. 인간은 처한 환경 없이 존재할 수 없고, 동시에 유전적

---

34. F. Wuketits, Gene, Kultur und Moral: Soziobiologie-Pro und Contra, 김영철 옮김, 『사회생물학 논쟁: 유전인가 문화인가』(사이언스북스, 1999), 28쪽.
35. 그 대표적인 경우가 히틀러의 유대인 학살이다. 히틀러는 독일인을 우수한 특성을 지닌 '아리아인'으로 보았다. 그의 왜곡된 인종주의적 사고는 수많은 무고한 인명을 학살하는 정치 이데올로기가 되었다.
36. 같은 책, 40쪽 참조.

백지상태로 태어나지도 않는다. 자신의 유전자가 생겨나는 바로 그곳인 부모의 품이 사람의 '제일차적인 환경'이며, 환경적 요인과 유전적 요인을 엄격하게 구별하는 것 자체가 불가능하다. 즉 환경과 유전자는 상호 공속적인 관계에 있다.

아르놀트 겔렌(A. Gehlen)은 문화를 "인간에 의해서 삶에 필요하도록 개조된 자연의 총화"[37]라고 보았다. 그는 문화를 인간의 이차적인 자연으로 보았다. 인간은 두 개의 자연을 지닌 존재이며, '이차적 자연'은 인간에게만 고유한 본질적인 것이다. 그러므로 그는 인간 존재에 자연과 문화의 양 측면이 융합되어 있다고 보았다. 인간 행동 양식에는 유전적 요인과 사회 문화적 요인들이 내재 되어 있다. 가령 인간의 언어 능력은 생물학적으로 미리 주어져 있지만, 어떤 문화적 환경에 노출되느냐에 따라 그 사용 언어가 결정된다. 여기서 우리는 사람의 몸이 유전과 환경에 밀접한 상호관계에 있음을 발견한다. 즉 인간의 몸은 유전적 요인과 사회 문화적 환경에 의해 영향을 받고 있다. 그러므로 우리는 인간의 몸을 생물학주의나 문화주의, 곧 한 측면으로만 주장하는 것은 몸의 존재론적 특성을 무시함을 알게 된다. 다시 말해서 인간의 몸을 젠더적 관점으로만 주장하거나, 유전자 결정론만으로 주장하는 것은 각기 인간 몸의 또 다른 측면을 억압하는 결과를 가져온다.

3) 인식 주체로서의 몸

철학에 있어서 '이성에서 몸으로의 전환'을 체계적으로 시도한 사람

---

37. A. Gehlen, Der Mensch: seine Natur und seine Stellung in der Welt, Wiesbaden, AULA_Verlag, 1986, S. 38.

은 프랑스 철학자 메를로-퐁티(Merleau-Ponty)다. 그는 몸에 관한 현상학적 연구를 통해서 몸이 세계 인식의 주체라고 주장한다. 그의 철학은 에드문트 후설의 현상학에 근거하지만, 메를로 퐁티는 후설의 선험적 자아를 거부하고, 몸의 지각에 초점을 두고 연구를 시작한다. 인간은 사유하는 존재가 아니라, 몸으로 지각하는 존재이다. 메를로 퐁티는 인간의 모든 인식은 지각에서 발생하며, 이 지각을 통해서 '반성적 지식'이 형성된다고 보았다. 곧 인식대상은 정신에 의해서 구성되는 것이 아니라, 몸에 의해서 구성된다.

우리가 대상을 인식할 때, 몸 지각과 대상이 서로 교류하면서 인식이 형성된다. 곧 몸과 대상의 애매한 관계에서 인식이 시작된다. 인식의 시작은 몸 지각을 통해서 시작되고, 그 이후 이성에 의한 '반성적 지식'이 형성된다. 그래서 몸 지각이 모든 것에 우선한다. 가령 타인의 충혈된 얼굴을 먼저 지각하고, 이후 그 사람의 감정 곧 분노하고 있는가? 아니면 수줍어하고 있는가를 이해하게 된다.[38] 몸 지각이 '일차적인 인식'이고, 그 표정이 분노인가, 수줍음의 감정인가를 판단하는 것은 '이차적인 이성적 인식'이다. 또 다른 예를 생각해 보면, 우리가 테니스를 할 때 공의 속도와 방향성을 이성으로 계산하거나 파악하고 반응하는 것이 아니라, 몸이 먼저 반사적으로 반응한다. 곧 몸 지각 반응이 일차적이고 계속된 반응을 통해서 공의 속도 방향성을 예측하며 대응하게 된다. 메를로 퐁티의 몸 현상학은 이성 중심주의 사고에서 벗어나 몸의 가치를 새롭게 발견하는 코페르니쿠스적 전회(轉回)다. 즉 그는 그동안 이성에 비해서 상대적으로 존중받지 못했던 몸을 인식의 주체로 부각시켰다.

---

38. 김종헌, 『문화해석과 문화정치』(철학과 현실사, 2003), 117쪽 참조

그러면 사람의 몸은 어떻게 세계와 교류하는가? 메를로 퐁티는 몸과 세계의 교류를 '환각지'와 '무자각 증세'를 통해서 말한다. 기계론적 생리학은 인간의 행동을 자극과 반응 모델을 기반으로 분석하고, 인간의 몸을 인과적 시스템으로 통합하여 설명한다. 즉 외부 자극이 몸의 특정한 감각 기관에 영향을 미치고, 감각 기관은 다시 감각들을 뇌로 전달함으로써 인간의 행동이 구성된다는 것이다. 그런데 몸에 관한 생리학적 접근은 환각지에 대한 명확한 설명을 제공하지 못한다.[39] 가령 사고로 다리가 절단된 사람이 자극을 받을 수 있는 다리가 없음에도 불구하고 여전히 자신의 다리가 있는 것으로 착각하여 다리의 고통을 호소한다.[40] 이러한 경우는 일종의 자신의 몸의 현재적 상태를 거부하는 심리적 현상으로 설명될 수 있다. 즉 뇌로 전달되는 감각 기관이 단절되었지만, 환각지 현상이 발생함으로 생기는 고통이다. 우리가 몸이 겪은 환각지를 볼 때, 몸을 단순히 생리학적 구조로만 설명할 수 없다는 결론에 도달한다.

메를로 퐁티는 사람의 몸을 두 가지 구별된 층, 즉 "습관적인 몸"과 "현재의 몸"으로 구분한다. 습관적인 몸은 과거의 기억과 체험에 의존하는 몸으로 세계와의 지속적인 관계를 통해서 형성된 것이다. 그래서 습관적인 몸은 항상 주변의 익숙한 환경에 자신을 투사해 자신의 몸에 맞는 구조를 형성한다. 환각지 현상은 자신의 몸에 침전된 과거 경험이 '몸화'되어 나타난 현상이라 할 수 있다. 왜냐하면 환각지는 과거 기억을 단순히 회상하거나 떠올리는 것이 아니라, 현재화하여 지금의 행위에

---

39. 같은 책, 128쪽.
40. 전쟁 중 폭탄 파편에 의해 팔을 잃은 사람이 여전히 환각적인 팔에서 고통을 느끼는 경우가 있다. 결국 환각지는 실제적 팔이 상처를 입은 순간에 놓였던 위치를 보존하고 있는 것이다(M. Merleau-Ponty, Phenomenologie de la perception, Paris: Gallimard, 1945, 90쪽).

영향을 주기 때문이다.

그런데 인간의 몸은 습관적인 방식으로만 머무는 것이 아니라, 미래가 만나는 장소이기도 하다. 환각지를 지닌 사람은 습관적인 몸으로 계속 세계와 교섭을 시도하지만, 실패를 경험하게 되고, 점차 자신의 몸에 상응하는 '새로운 교섭 방식'을 갖게 된다. 즉 몸은 세계 속에 존재하면서 자신에게 친숙한 방식으로 세계를 구조화하기 때문이다. 몸은 주변 환경과 직물을 짜듯이 새로운 몸의 문화를 만들어간다. 곧 습관적 몸은 환경과 교섭하면서 '미래적 몸'을 만들어내고, 새로운 몸의 문화를 만들어 간다.[41]

메를로-퐁티는 몸과 세계를 이분법적으로 구분하는 것이 아니라, 제3의 존재론적 영역을 설정한다. 이것은 몸과 세계의 애매한 만남이다. 몸과 세계는 구분되는 것이 아니라, 상호 교섭과 교직을 하면서 애매한 관계성을 지닌다. 이 말은 우리의 몸이 환경에 의해 변화되지만, 동시에 환경이 몸에 의해서 생활세계로 다시 들어오게 된다. 이러한 몸에 관한 현상학적 설명은 그동안 우리가 얼마나 몸을 왜곡되게 인식했는가를 깨닫게 한다.

3. 몸 철학과 몸 신학의 대화

1) 포스트모던의 성과 몸 신학

몸의 해방은 인간이 이성적 존재 이전에 욕망과 본능의 존재임을 밝혀냈다. 그런데 몸 욕망의 중심에는 '성적 충동'이 자리하고 있다. 프로이트는 인간을 '에로스'와 '타나토스', 즉 '성 본능'과 '죽음 충동'이라는 두

---

41. 김종헌, 같은 책, 130쪽 참조.

개의 욕망을 추구하며 살아가는 존재로 보고 있다. 그런데 에로스의 극단에는 항상 '죽음(타나토스)'이 도사리고 있다. 프로이트의 영향을 받은 조르주 바타유(G. Bataille)는 에로티시즘을 인간의 고유한 본질로 보고 있다. 그에 의하면, 에로티시즘은 작은 죽음이다. 즉 인간의 몸은 에로티시즘을 통해서 죽음 충동을 경험한다.

바타유는 『에로티즘의 역사』에서 인류의 역사는 성에 관한 금기와 위반의 역사라고 주장한다. 성은 사회가 정한 규율을 위반하도록 충동질한다. 성에 관한 금기는 근친상간의 금기로부터 시작하여, 옷차림에 대한 금기 그리고 더 나아가 사회윤리적 금기를 생산해 낸다. 그러나 사람의 성 충동은 끊임없이 사회적 금기를 위반하도록 유혹한다. 에로티시즘의 역사는 이러한 금기에 대한 위반에서 시작한다. 사회는 인간에게 법과 도덕을 지킬 것을 요구하지만, 에로티시즘은 금기의 선을 위반하도록 충동한다. 욕망의 인간이 미끈한 이성의 나체를 보는 순간, 그동안 사회가 자신에게 부가한 도덕률을 위반하도록 에로스가 그 힘을 발휘한다. 바타유는 성행위가 원래 생식 차원에서 출발했지만, 인간은 동물과 달리 성행위를 에로티시즘으로 승화시켰다고 주장한다.

바타유는 에로티시즘을 "욕망의 대상과 내적 욕망의 일치"로 정의한다. 그는 에로티시즘을 더는 사물화시키거나 외적 대상으로 간주해서는 안 되고, '내적 충동'으로 보아야 한다고 강조한다. 그런데 에로티시즘은 질서와 언어 체계인 인간의 로고스적 사유 체계를 부정하며, 억제 불가능한 자연성으로 환원한다. 즉 에로스적 충동을 극단까지 몰고 가면서 사회적 금기를 넘어서도록 한다. 그래서 에로티시즘의 극단에는 항상 '죽음 충동(타나토스)'이 자리하고 있다. 그래서 바타유는 에로티시즘을 "죽음까지 파고드는 삶"[42]이라고 정의한다.

---

42. 죠르주 바타이유, 『에로티즘』(민음사, 2003), 9쪽.

포스트모던의 성 담론은 몸을 육체로, 즉 욕망의 주체로 이해하고 있다. 그러면 '몸(body)'을 '육체(flesh)'와 동일시할 수 있는가? 곧 몸을 에로티시즘의 주체로만 취급하는 것이 몸을 올바로 이해하는 것인가? 오늘날 몸은 살덩어리와 동일시되어 소비의 도구가 되거나, 혹은 욕망(본능)의 주체가 되기도 한다. 이러한 포스트모던의 성 담론이 우리 사회를 지배하는 상황에서 몸의 신학은 우리 시대의 새로운 과제로 등장하게 되었다.

몸이 신학의 주된 담론으로 자리 잡게 된 것은 교황 '요한 바오로 2세'로부터 시작한다. 1979년 9월 5일부터 1984년 11월 28일까지 '수요 일반 알현' 때, '인간', '혼인', '가정'이라는 주제로 129회에 걸쳐 강론했다. 그는 육체의 숭배에 맞서 그리스도께서 가르치신 진정한 의미의 '몸', '성', '혼인', '가정'에 대한 교리를 강론하였다. 바오로 2세는 성경을 토대로 '인간학', '형이상학', '윤리학' 등을 활용해 몸에 관한 통합적 가르침을 주었다. 그의 '몸 신학(The Theology of the Body)'은 크게 두 가지 목적이 있다.[43]

첫 번째 목적은 인간 몸의 현실을 보호하는 것이다. 다시 말해서 공격당하고 왜곡되어 있는 몸을 구원하는 데 있다. 바오로 2세는 인간의 몸이 데카르트의 이원론에 의해서 정신에 종속된 존재로 비하되었다고 보았다. 즉 데카르트 철학은 인간을 영과 육, 정신과 육체로 나누고 대립하는 것으로 여겼다. 그러나 바오로 2세는 인간을 "육체와 영혼이 하나가 되어 이루는 인격체"[44]로 보았다. 그러므로 몸을 단순히 물질로 다루

---

43. 윌리엄 E. 메이 지음, 김한수 옮김, 『문헌으로 보는 몸의 신학』(가톨릭대학교출판부, 2018), 89쪽 참조.
44. 미하엘 발트슈타인 지음, 이병호 옮김, 『몸의 신학 입문』(가톨릭대학교출판부,

어서는 안 된다고 주장한다.

  그의 몸에 관한 정의는 "몸은 정신화된 육체이다."[45] 신학적으로 말하면, 하나님의 영이 내재된 몸이다. 곧 몸은 하나님의 말씀이 육화(Incarnation)됨을 말한다. 말씀이 육체 되심은 하나님의 "자기증여"[46]이다. 그래서 요한 바오로 2세는 사람의 몸을 "증여의 해석(hermeneutics of gift)"[47]이라고 부른다. 육화의 사건을 통해서 보면, 그리스도의 몸은 "하나님 속량의 자기증여(divine redeeming gift of self)"[48]의 장소이다. 그러면 우리의 몸은 어떠한가? 우리 몸은 말씀이 되신 그리스도께서 계신 곳이다. 그러므로 몸은 속된 것이 아니라 거룩한 것이다. 그런데 만일 우리 몸에 육화된 말씀이 사라지면, 그 몸은 고깃덩어리의 몸이 된다.

  그런데 교황은 교회사적으로 볼 때, 교회 안에서도 몸은 왜곡되어왔다고 보았다. 가령 몸은 '그노시즘(영지주의)'과 '마니키즘(마니교)'의 도전을 받으면서 이분법적으로 분해되고 왜곡되었다.[49] 그래서 바오로 2세는 이러한 교회 안과 밖의 도전에 맞서면서, 몸 신학의 정립을 시도한 것이다.

  두 번째로 바오로 2세는 하나님이 주신 생명의 근원이 무엇인가를 탐색함으로써, 왜곡된 몸을 구원하려고 하였다. 그는 몸의 신학을 전체

2012), 170쪽.
45. 같은 책, 170쪽.
46. 같은 책, 171쪽.
47. 같은 책, 171쪽. '증여 해석'이라는 말은 영이신 하나님이 인간의 몸으로 자기를 주셨음을 말한다. 그러므로 사람의 몸은 하나님의 선물이다. 하나님의 내어주심, 곧 몸에 관한 해석학이 몸 신학이라는 것이다.
48. 같은 책, 171쪽.
49. 윌리엄 E. 메이, 앞의 책, 89쪽.

적으로 "인간 생명의 재해석"[50]이라 부른다. 즉 그의 몸 신학의 핵심은 회칙 「인간 생명 *Humanae Vitae*」에 근거를 두고 있다. 교황은 산아제한에 관한 교황청 「다수 보고서 *Majority Report*」를 인용하면서 교묘하게 피임을 옹호하는 인간학을 몸과 인격을 분리하는 데카르트적 인간론에 근거하고 있다고 주장한다. 그러면서 생명의 근원인 성에 관한 문제를 성서적 관점에서 접근한다. 그는 성교에서 체험하는 인간의 몸은 철저히 인격적이라고 주장한다.[51] 성행위는 "자기증여(self-gift)"와 "생산성(fruitfulness)"의 언어[52]이다. 몸은 인격이며, 성은 자기증여와 생산성을 자체 안에 포괄한다.

교황은 성을 부부의 하나 됨과 생산의 의미가 통합된 것으로 보았다. 즉 일치와 생식은 분리될 수 없는 성의 기능이다. 그러므로 성을 에로티시즘적으로만 해석하는 것은 몸의 한쪽 기능을 말살하는 것이다. 바오로 2세는 몸 신학의 최종 목표를 '몸의 속량'으로 보고 있다.

필자는 가톨릭의 몸 신학에 관한 소개를 멈추고, 필자가 생각하는 몸 신학에 관한 핵심 내용을 정리하려고 한다. 먼저 성경은 성을 어떻게 말하고 있는가? 곧 하나님은 성에 관해 어떻게 말씀하고 계시는가?를 먼저 살펴보려 한다. 성경에 기록된 성행위에 관한 최초 말씀은 **"아담이 그의 아내 하와와 동침하매"**(창 4:1)에서 등장한다. 여기서 "동침하매"는 히브리어 '야다(ידע)'이다. '야다'는 기본적으로 '알다'라는 뜻이다. 즉 '시각', '청각', '촉각' 등 감각 기관을 통해서 무언가를 지각하는 것이다. '야다'는 '감각적 지각'을 시작으로, '이성적 사유'를 통한 지식까지를 말한다. 그러므로 '야다'는 몸 지각에서 출발하여 추론적 지식까지

---

50. 미하엘 발트슈타인, 앞의 책, 176쪽.
51. 같은 책, 181쪽.
52. 같은 책, 181쪽.

확장되어 사용된다.

그런데 '야다'는 성적 관계를 가질 때도 사용된다. 그렇다면, 성경이 말한 성은 상대방을 아는 것을 전제한다고 말할 수 있다. 아담은 하나님께서 그의 갈빗대로 여자를 만들어서 데려오자, **"이는 내 뼈 중의 뼈요 살 중의 살이라"**(창 2:23)고 노래했다. 아담은 자신과 동침할 여자가 "내 살 중의 살"임을 알고 있었다. 남자는 여자가 자기 살의 일부임을 깨닫고 인격적인 관계를 맺어야 한다.[53] 하나님은 부부가 서로 '야다' 함으로써 한 몸을 이루어 가기를 원하셨다.

성경이 말한 성은 부부가 서로를 알아가며 한 몸을 이루는 것이다. 다시 말해서 성은 타자의 살과 나의 살이 만남으로 서로의 몸을 아는 것이다. 성은 상대의 몸을 욕망과 소비의 대상으로 삼지 않고, 존중과 배려 그리고 인격의 관계로 대하는 것이다. 남편은 아내의 몸을 대할 때, 내 몸을 대하듯 사랑해야 한다. 그러므로 필자는 성경이 말한 성을 '부부가 서로의 사랑을 알아가는 몸의 인식'으로 정의하고 싶다. 다시 말해서 성은 살 지각에서 출발해서, 부부의 마음과 생각이 하나가 되는 몸을 지향한다.

성경에 등장한 최초의 성은 부부가 서로를 알아가면서 생육하고 번성하는 것이었다. 그래서 하나님은 **"아담이 그의 아내 하와와 동침하매 하와가 임신하여 가인을 낳고"**(창 4:1)라고 기록하고 있다. 곧 성은 욕망의 대상으로 소비되는 것이 아니라, 생명 창조의 기능을 갖는 것이다. 그렇다고 성이 에로티시즘을 배제하는 것이 아니다. 성의 에로티시즘은

---

53. 가톨릭은 성을 에베소서 5장에 나오는 혼인성사로 해석한다. 사도 바울은 "자기의 아내 사랑하기를 자신같이 하라"(엡 5:33)고 말했다. 곧 성은 남자가 자신 몸을 대하듯이 인격적으로 여성의 몸을 대하는 것이다.

부부가 서로를 알아가는 관계성 속에 하나님이 주신 선물이다.

그러나 사람을 욕망의 대상 곧 에로티시즘의 대상으로 삼는 경우가 있다. 이것은 성경이 말한 '동성애'다. 창세기 19장 5절에 보면, 소돔 성 사람들이 두 천사가 롯의 집에 들어왔을 때, **"오늘 밤에 네게 온 사람들이 어디 있느냐 이끌어 내라 우리가 그들을 상관하리라"**고 말한다. 이 "상관하리라"는 말은 히브리어 '야다'이다 여기서 '야다'는 부부의 하나 됨과 생식의 성이 아니라, 철저히 '본능적인 성', 곧 쾌락의 성이다. 소돔 성 사람들은 성을 남자와 여자가 서로를 더욱 잘 알고 친밀해지는 인식의 단계를 벗어나, 소비되는 쾌락으로 변질시켰다. 다시 말해서 동성애는 생식과 남녀의 '하나 됨'보다는 서로에게 욕망의 에로티시즘이 되는 것이다. 성이 욕망의 에로티시즘으로 극단화될 때, 성은 '죽음 충동'으로 돌변한다.

소돔 성 사람들은 욕망으로 소비되는 주체들이었다. 그들에게 성은 생식의 기능이 사라지고, 철저한 에로티시즘이었다. 성적으로 타락한 소돔(Sodom)에서 '소도미'(Sodomy)라는 말이 나왔다. '소도미'는 남색만이 아니라, 동물과의 수간까지 말한다. 소도미는 성을 철저하게 본능적으로 소비하는 방식이다. 거기에는 에로티시즘의 극단만 있을 뿐이다. 하나님은 인간의 성이 본래의 목적을 상실할 때 생기는 위험성을 알고 계셨다. 그래서 동성 간에 혹은 짐승과 관계를 금지했다. 모세는 **"여자와 동침함 같이 남자와 동침하지 말라 이는 가증한 일이다"**[54]라면서, 짐승과 교접함으로 자신을 더럽히지 말라[55]고 했다. 모세가 동성

---

54. "너는 여자와 동침함 같이 남자와 동침하지 말라 이는 가증한 일이니라"(레 18:22).
55. "너는 짐승과 교합하여 자기를 더럽히지 말며 여자는 짐승 앞에 서서 그것과 교접

애와 수간을 금지한 것으로 보아, 그 당시에도 이러한 성행위가 만연했다고 볼 수 있다.

플라톤의 대화편 『향연(Symposion)』을 보면, 소크라테스와 몇몇 현인들이 '에로스'에 관해서 대화하는 장면이 나온다. 그중에서 아리스토파네스의 에로스에 관한 이야기를 들어보면, 동성애가 인류의 역사와 함께 시작되었음을 알 수 있다.

아리스토파네스는 원래 남녀 두 종류의 사람만 있는 것이 아니라, '남자와 남자', '남자와 여자', 그리고 '여자와 여자'가 한 몸을 이루는 '세 종류의 사람'이 있었다고 주장한다. 그런데 두 인간이 한 몸을 이루며 살면서 그 힘이 막강해졌다. 그래서 신을 경배하는 것이 아니라, 오히려 신에게 도전하였다. 그래서 제우스가 한 몸을 이루고 있는 인간들을 각기 분리했다. 그리고 분리된 상처를 꿰매어 준 것이 '배꼽'이다. 아리스토파네스는 이것의 흔적을 배꼽이라고 보았다. 분리된 인간들은 서로 자신의 반쪽을 그리워하며 제짝을 찾을 때까지 외로워했다. 전에 남자와 남자였던 사람은 분리된 남자를 찾아서 사랑을 나누었고, 여자와 여자였던 사람도 분리된 여자를 찾아서 사랑을 나누었다. 그리고 남자와 여자로 한 몸을 이루었던 사람은 이성애를 나누게 된 것이다. 아리스토파네스가 이렇게 구분한 것을 보면, 그 당시 그리스 사회에 동성애가 만연하고 있었음을 말해 준다.

최근에 동성애가 한국 사회의 수면 위로 제기되면서 그들의 성적 권리도 인정되어야 한다는 주장들이 제기되고 있다. 즉 동성애 부부도 합법적인 부부로 인정해주라는 것이다. 우리가 만일 성을 쾌락의 측면에

하지 말라 이는 문란한 일이니라"(레 18:23).

서만 본다면, 동성애를 비판할 근거가 없다. 동성애는 성적 취향의 차이일뿐, 차별받아서는 안 되는 것이다. 그러나 성은 쾌락만이 아니라, 생식의 기능도 있다. 성이 갖는 생식을 무시하고, 에로티시즘만 추구한다면, 성은 왜곡될 수밖에 없다.

성경은 '제3의 성'에 대해 언급하지 않고 있다. 곧 하나님은 남자와 여자 이외에 다른 성을 창조하지 않았다. 성행위도 남자와 여자의 관계성 안에서 존재한다. 이것이 순리이며, 자연스러운 것이다. 사도 바울은 동성애를 **'순리로 쓸 것을 역리로 쓰는 것'**이라 말했다(롬 1:26). 동성애는 하나님의 창조 질서를 무너뜨리는 '역리 행위'다. 그래서 사도 바울은 동성애를 부끄러운 일이며 그릇됨에 상당한 보응을 받는다고 말했다. 그러면 이제 우리 몸의 존재론적 구조를 살펴보자. 과연 우리의 몸은 어떠한 존재 구조와 인식 구조를 갖고 있는가?라는 물음에 답해보자.

2) 몸의 존재론적 구조: 육신, 영혼, 정신(영)

독일의 철학자 막스 셸러는 몸을 세계를 향한 관계 중심으로 설정하고, 몸의 본질적인 구조를 인간학적 관점에서 접근한다. 셸러는 사람의 '몸(Leib)'을 '육체(körper, 살)', '영혼(seele)', '정신(geist)' 등으로 구분한다. 그리고 몸을 중심으로 '몸육체(Leibkörper)', '몸영혼(Leibseele)', '몸지각(Leibwahrnehmung)' 등을 설명해 간다.

우리는 일반적으로 육체와 몸을 구분 없이 사용한다. 그러나 셸러의 몸철학은 육체와 몸을 엄격하게 구분하고 있다. 독일어로 육체는 'körper'이다. 'körper'는 '육체', '살'이라는 뜻 이외에 물체, 사물이란 뜻도 있다. 그래서 셸러는 사람의 몸과 관계하여 körper를 사용할 때, 몸 육체(Leibkörper)로 표현한다. 곧 인간의 육체(살)를 '다른 유기체의 살' 혹은 '물질성'과 구분하기 위해서다. 이러한 구분은 성경에도 나온다. 사도 바울은 **"육체는 다 같은 육체가 아니니 하나는 사람의 육체요 하나는 짐승의 육체요 하나는 새의 육체요 하나는 물고기의 육체라"**(고전 15:39)고 분명하게 구분한다. 여기서 육체는 헬라어 '사르크스(σάρξ)'로 '살(flesh)'로 번역될 수 있다. 사도 바울은 사람의 살, 짐승의 살, 새의 살, 물고기의 살이 각기 다르다고 했다. 그 차이는 살을 담지하고 있는 몸에서 생긴다.

막스 셸러가 '몸육체 지각'이라고 한 것은 살을 통해서 들어오는 '최초 감각'을 말한다. 사람의 최초지각은 살(육체)에서 시작한다. 곧 살을 통해서 외부 대상이 지각된다. 그러나 몸육체 지각(살 지각)은 아직 영혼을 통해서 인식되기 이전이므로, '혼잡성'과 '애매성'을 갖는다. 필자는 지면 관계상 '살의 애매성'과 '직접성'에 대해 더는 언급하지 않는다.[56] 여기서 필자가 다만 '몸(σῶμα, body)'과 '육체(σάρξ, flesh)', 그리고 '영혼(Ψυχή, soul)'과 '정신(πνεῦμα, spirit)'[57]의 구분을 통해서 몸의 존재론적 구조를 밝히려 한다. 왜냐하면 몸의 존재론적 구조를 잘 파악해야만, 사도 바울이 주장하는 몸 신학을 제대로 이해할 수 있기 때문이다.

사도 바울은 몸과 육체(살)를 명확하게 구분한다. 바울은 육신을 죄의 주체로 보고 있다. 그래서 로마서에서 **"육신의 생각은 사망이요 영의 생각은 생명과 평안이니라"**(롬 8:6)라고 말한다. '육체(육신, 살)'의 본성

---

56. 김종헌, 「막스 셸러의 몸과 메를로-퐁티의 몸과 살」, 『범한철학』, 제39집(2005년, 겨울호) 참조할 것.
57. 성경은 '프뉴마'를 '정신'이 아니라, '영'으로 번역하고 있다.

은 욕망이다. 사람이 욕망만을 추구하며 살 때, 결국 종착지는 사망이다. 성경은 육신을 '죄성(sinful nature)'으로 간주한다. 그래서 바울은 **"육신의 생각은 하나님과 원수가 되나니 이는 하나님의 법에 굴복하지 아니할 뿐아니라 할 수도 없음이라"**(롬 8:7)고 주장한다. 그렇다. 육체는 욕망의 덩어리며 고깃덩어리다. 그런데 사람들은 욕망의 덩어리를 더욱 자극하며 또 다른 욕망을 유혹한다. 현대인들은 끊임없이 살에 투자하고, 그 살이 더욱 세련되고 욕망의 살덩어리가 되도록 한다. 결국 육신은 우리를 하나님의 말씀에 순종하지 못하도록 한다. 그래서 바울은 **"육신에 있는 자들은 하나님을 기쁘시게 할 수 없느니라"**(롬 8:8)고 말했다. 즉 욕망의 고깃덩어리를 우선시하는 사람은 결단코 하나님 나라에 들어갈 수 없다는 말이다.[58]

그러면 우리는 어떻게 해야 하는가? 우리는 살에 할례를 해야 한다. 할례는 단순히 성기의 표피만 잘라내는 것이 아니다. 욕망의 중심인 살에 하나님의 말씀을 새기는 것이다. 곧 이제 내 욕망대로 사는 것이 아니라, 하나님의 말씀이 이끄는 대로 살겠다는 결단이다. 우리가 육신(살)의 껍질을 도려내고, 그곳에 말씀을 새기고 그 말씀이 살(육화)이 될 때, 우리는 거룩한 몸을 가질 수 있다. 이것이 필자가 생각하는 '몸살이 영성'의 첫 번째 접근이다.

---

58. 로마서 8장 13절은 육신(살)이 욕망의 주체, 곧 죄의 주체임을 분명하게 말하고 있다. "너희가 육신대로 살면 반드시 죽을 것이로되 영으로써 몸의 행실을 죽이면 살리니"(롬 8:13). 그리고 갈라디아서 5장 19-21절은 "육체의 일은 분명하니 곧 음행과 더러운 것과 호색과 우상 숭배와 주술과 원수 맺는 것과 분쟁과 시기와 분냄과 당 짓는 것과 분열함과 이단과 투기와 술 취함과 방탕함과 또 그와 같은 것들이라 전에 너희에게 경계한 것 같이 경계하노니 이런 일을 하는 자들은 하나님의 나라를 유업으로 받지 못할 것이요."

두 번째로 우리는 '영혼(Ψυχή, soul)'의 특성을 살펴야 한다. 몸의 존재론적 구조를 볼 때, 영혼은 '육신(살)'과 '정신(영)'의 중간에 애매하게 존재한다. 그러나 영혼은 그 의미가 폭넓게 사용되고 있다. 아리스토텔레스는 영혼을 '생명 일반의 원리'로 간주한다. 그래서 '식물의 영혼', '동물의 영혼', '인간의 영혼'으로 나눈다. 식물과 동물이 영혼에 의해 생명 작용을 할 수 있게 된다. 여기서 물질 혹은 살이 질료라면, 영혼은 형상이 된다. 그러나 인간의 영혼은 동식물의 영혼과는 층위가 다르다. 특히 인간의 영혼은 생명 원리만이 아니라, '고차원적 사유작용'을 하기도 한다. 그래서 영혼의 사유기능을 분리하여, '정신(spirit)' 혹은 '이성(reason)'이라 부르기도 한다. 그런데 영혼은 일반적으로 '지,정,의가 발동하는 마음 작용의 중심'이다. 곧 영혼이 마음이 작용하는 애매한 장소다. 이 마음이 어디로 쏠리느냐에 따라, '육적인 사람'이 되며, '영적인 사람'이 되기도 한다. 다시 말해서 영혼은 사람됨을 결정하는 중심이다.

성경에 나타난 영혼의 특성도 유사하다. 영혼이 세상의 것에 사로잡히면, 영혼이 욕망과 욕구의 자리가 된다. 반면에 영혼이 신령한 것에 가까이 있으면, 욕망을 초월하는 생명의 중심이 될 수 있다. 우리는 영혼이 육체의 정욕에 정복당하지 않도록 경계해야 한다. 그래서 베드로 사도는 **"사랑하는 자들아 거류민과 나그네 같은 너희를 권하노니 영혼을 거슬러 싸우는 육체의 정욕을 제어하라"**(벧전 2:11)고 권면한다. 곧 육체의 정욕이 내 영혼을 사로잡지 못하도록 조심하라는 말이다.

예수님도 영혼이 타락할 수 있는 위험성에 대해 다음과 같이 말씀하신다. **"또 내가 내 영혼에게 이르되 영혼아 여러 해 쓸 물건을 많이 쌓아 두었으니 평안히 쉬고 먹고 마시고 즐거워하자 하리라 하되"**(눅 12:19) 여기서 영혼은 욕망과 욕구의 장소이다. 곧 이 세상에서 호화롭고 사치스럽게 살고자 하는 마음이다.[59] 그래서 '영혼으로서 몸'은 하나님의 성령의 일을 받지 못한다. 영혼의 몸에 사로잡혀 사는 사람은 신령한 일이 어리석게 보이고 미련한 것처럼 보인다. 그래서 사도 바울은 **"육(프쉬키코스)에 속한 사람은 하나님의 성령의 일들을 받지 아니하나니 이는 그것들이 그에게는 어리석게 보임이요 또 그것들을 알 수도 없나니"**(고전 2:14)라고 말했다. 우리말 성경이 "육이 속한 사람"으로 번역하고 있는데, 여기서 육은 헬라어 '프쉬키코스'(Ψυχικός)를 쓰고 있다. 곧 '혼'을 쓰고 있다. 그러므로 엄밀하게 번역하면 '육에 속한 사람'이 아니라, '혼에 속한 사람'이다. 혼에 속한 사람은 신앙을 갖고 있지만, 여전히 세상의 것에 집착을 버리지 못한 사람이다. 영혼이 육체에 점령당한 사람이라 할 수 있다. 그래서 넓게 해석하면 혼에 속한다고 하지만, 결국 육에 속한 사람이라 말할 수 있다. 이런 의미에서 대부분 영어 성경은 "혼에 속한 사람"을 'natural man'(본능적인 사람 혹은 자연적인 사람)으로 번역한다. 다만 NIV 성경은 "The man without Spirit"(성령이 없는 사람)으로 의역하고 있고, RSV 성경은 "The unspiritual man"으로 번역한다. 곧 몸이 성령에 의해 온전히 통제되지 못한 사람으로 간주하고 있다. 그러면 우리는 몸을 어떻게 관리해야 하는가?

3) 성전으로서의 몸

이 땅에서 사는 한, 우리는 끊임없이 방황하는 영혼을 지니면서 살아간다. 이것은 다른 말로 하면 세상에 사는 동안 어떻게 거룩한 몸으로

---

[59]. 예수님은 영혼이 욕망의 자리가 되어 살아가는 자들에게 "어리석은 자여"라고 하셨다. "하나님이 이르시되 어리석은 자여 오늘 밤에 네 영혼을 도로 찾으리니 그러면 네 준비한 것이 누구의 것이 되겠느냐 하셨으니"(눅 12:20).

살아갈 수 있는가? 하는 물음이다. 이것은 내 몸이 '성령이 거하는 전'임을 잊지 않는데 달려 있다. 바울은 **"너희 몸은 너희가 하나님께로부터 받은 바 너희 가운데 계신 성령의 전인 줄을 알지 못하느냐"**(고전 6:19)라고 말했다. 바울의 '알지 못하느냐'라는 말은 '기억해라', '잊지 말라'는 반어법적 표현이다. 곧 우리 몸은 '영 없는 육신이 아니라'는 말이다. 성령은 거룩한 영으로 'Spirit(정신)'으로 표현하기도 한다. 성령(Spirit)은 어떤 특성이 있는가? 죄성으로 가득한 육신과는 본질적으로 구별된다. 바울은 몸이 죄성이 가득한 육신에 지배받지 않도록, 우리 안에 있는 성령을 따라 살기를 원했다. 곧 성령이 '몸육체'와 '몸영혼'을 바르게 인도할 때, 우리 몸은 거룩한 몸을 유지할 수 있게 된다.

'영(정신, 이성)'은 사람의 몸을 짐승의 몸과 구분하게 하는 본질적인 특성이다. 하나님은 '영'이시다. 영이신 하나님을 몸을 지닌 사람이 어떻게 만날 수 있는가? 그것은 하나님이 사람에게만 주신 거룩한 선물, 곧 하나님의 생기(하나님의 호흡, 하나님의 영)를 통해서 가능하다. 철학적으로 말하면, 인간의 몸이 지닌 '고차원적 인식기능인 정신'을 말한다.

하나님은 사람을 자신의 형상대로 지으셨다. 하나님은 사람 안에 하나님을 알만한 것들을 주셨다. 예수님은 **"하나님은 영이시니 예배하는 자가 영과 진리로 예배할지니라"**(요 4;24)고 말씀하셨다. 이 말씀은 무슨 뜻인가? 영이신 하나님을 만나기 위해서는 우리 몸이 영적으로 민감해야 한다. 곧 내 안의 영이 육과 혼을 잘 관리해서, 영의 민감성을 발휘하여 영이신 하나님과 접촉하는 것이다. 그렇다면 우리 몸 안에 영이 있다는 근거는 어디에서 찾을 수 있는가?

철학은 두 가지로 설명한다. 하나는 정신이 '본유관념'으로 선천적으로 주어졌다는 주장이다. 다른 하나는 자연발생적이다. 곧 물질의 덩어리라 할 수 있는 육체가 승화되면서 고차적 기능인 정신이 발생했다는 것이다. 이것은 자연과학적이며 진화론적 설명이다. 관념론자들은 대부분 정신은 초월적이며 동시에 내재적이며, 이것은 본유관념으로 주어진 것으로 본다. 이것을 신학적으로 설명하면, 하나님이 사람을 자신의 형상대로 지으시면서 불어넣어 주신 것이다. 하나님이 사람을 흙먼지로 지으시면서 "생기"(니쉬마트 하임)를 코에 불어 넣으셔서 "생령(네페쉬 하야)"이 되게 하셨다(창 2:7). 물론 여기서 "생령"을 'a living soul'(살아있는 혼), 혹은 'a living being'(생명있는 존재)로 번역하기도 한다. 이것은 히브리어 네페쉬에 관한 해석의 차이에서 나온 것이다. 네페쉬를 '영혼'으로만 해석해서 '생령'이라는 번역이 오역이라는 주장이다. 그러나 이것은 네페쉬의 의미를 협소하게 해석한 것이다. 구약성경에서 네페쉬는 단순한 생명의 호흡을 넘어서 '루아흐적인 의미'(영적인 의미)까지 나타내기도 한다.[60] 이것은 그리스어 프쉬케(영혼)가 고차적인 사유 기능으로 '정신' 혹은 '이성'을 의미한 것과 유사하다.

아무튼 하나님의 형상대로 지음받은 우리는 영이신 하나님의 모상인 것이다. 그러므로 우리 안에는 본유적으로 하나님의 영이 있는 것이다. 그래서 사도 바울은 하나님의 택함을 받은 그리스도인은 그리스도

---

60. 전도서 3장 19절은 사람의 네페쉬와 동물의 네페쉬가 별반 차이가 없음을 말한다. "인생이 당하는 일을 짐승도 당하나니 그들이 당하는 일이 일반이라 다 동일한 호흡(루아흐)이 있어서 짐승이 죽음같이 사람도 죽으니 사람이 짐승보다 뛰어남이 없음은 모든 것이 헛됨이로다." 여기서 호흡이 히브리어 '루아흐'를 사용하고 있지만, 문맥상으로 보면 '네페쉬(혼)'의 의미를 지니고 있다. 그러나 전도서 3장 21절은 사람의 혼과 짐승의 혼의 차이를 말한다. "인생들의 혼은 위로 올라가고 짐승의 혼은 아래 곧 땅으로 내려가는 줄을 누가 알랴." 여기서도 혼이 루아흐를 사용하고 있지만, 의미상으로는 네페쉬라 할 수 있다. 곧 루아흐가 네페쉬와 같은 의미로 사용되기도 한다.

의 영이 있으므로, 우리 몸이 '성령이 거하는 전'이라고 한 것이다. 여기서 우리는 우리 몸이 결코 타락한 고깃덩어리 곧 육신의 덩어리가 아님을 알 수 있다.

그런데 문제는 성령이 내 몸 안에 거하고 계시지만, 육의 몸이 강하게 우리를 지배할 때가 많다는 데 있다. 다시 말해서 우리가 이 세상에 사는 동안, 곧 코끝에서 호흡이 멈추는 순간까지는 혼의 몸을 온전히 극복할 수 없다는 데 있다. 하나님의 은혜 안에 있을 때는 영의 몸에 있다가 세상의 근심이 불어닥칠 때는 혼의 몸에 머물게 된다. 그래서 사도 바울은 **"오호라 나는 곤고한 사람이로다 이 사망의 몸에서 누가 나를 건져내랴"**(롬 7:24)고 탄식의 기도를 올렸다.

4. 결론: 온전한 몸의 속량을 소망하며

"우리 곧 성령의 처음 익은 열매를 받은 우리까지도 속으로 탄식하여 양자 될 것 곧 우리 몸의 속량을 기다리느니라"(롬 8:23).

우리는 하나님의 택함을 받음으로써 하나님의 영을 받은 양자가 되었다. 곧 몸 안에서 내주하신 성령님과 더불어 살게 되었다. 우리는 이미 구속함을 받았다. 그러나 아직 이 땅에 있는 우리 몸은 완전한 속량을 받지 못했다. 그래서 우리는 우리 몸의 속량을 기다리고 있다. 그러면 여기서 몸은 무엇인가? 여기서 말한 몸은 주님이 이 땅에 다시 오심으로써 얻게 되는 부활의 몸이다. 부활의 몸을 통해서 우리는 이 땅에서 불완전한 몸 살이를 끝낼 수 있다. 필자가 언급했듯이 우리는 양자의 영을 받았다. 그래서 하나님을 아바 아버지라 부르게 되었다(롬 8:15).[61] 그럼에도 우리 몸이 이 땅을 의지하고 사는 한, 몸의 완전한 속량을 받지 못한다. 그래서 사도 바울처럼, 우리는 "오호라 나는 곤고한 사람이로다 이 사망의 몸에서 누가 나를 건져내랴"는 탄식의 기도를 올릴 수밖에 없다.

바울은 부활 날에 비로소 **"육의 몸으로 심고 신령한 몸으로 다시 살아난다"**(고전 15:44)고 주장한다. 여기서 "육의 몸"도 '프쉬키로스 소마'로 '영혼의 몸'을 말한다. 예수님이 재림하신 그날에는 '몸영혼'(혼의 몸)으로 살았던 우리 몸이 신령한 몸(몸정신)'으로 태어나게 된다. 그러면 부활의 몸과 이전의 몸은 어떤 차이가 있는가? 곧 그 부활의 몸은 어떤 특성을 지니고 있는가? 그것은 부활의 몸으로 나타나신 예수님을 통해서 발견할 수 있다. 부활의 몸은 영의 몸으로 형체는 몸이지만, 육신의 몸과 본질적으로 다르다.

부활의 몸은 시간과 공간의 지배를 받지 않는다. 주님은 부활하신 후에, 제자들이 두려워서 문들을 굳게 닫고 있던 방을 문을 열지 않고 들어가셨다(요 20:19). 육신의 몸은 반드시 문을 열고 들어가야 한다. 그러나 부활의 몸은 이전의 몸과 달리 시공간의 제약을 벗어나 있다. 그렇다고 이전의 몸과 전혀 다른 것은 아니다. 예수님은 부활을 의심하는 도마에게 나타나셔서, '손의 못 자국'과 '옆구리의 상처'를 만져보게 하셨다(

---

61. 우리는 하나님의 택하심을 받았다. 곧 하나님의 영으로 인도함을 받아 하나님의 아들이 되었다(롬 8:14). 곧 우리는 양자의 영을 받았으므로 아빠 아버지라 부르게 되었다. 그러므로 우리의 몸이 속량되었다고 할 수 있다. 그러나 몸이 이 땅에 있는 한, 여전히 온전한 속량을 이루지 못한다. 그래서 필자는 양자의 영을 받는 몸을 '1차적인 몸의 속량'으로 정의한다. 그러면 2차적인 몸의 속량은 무엇인가? 8장 23절에 "성령의 처음 익은 열매를 받은 우리까지도 속으로 탄식하여 양자될 것 곧 우리 몸의 속량을 기다리느니라"는 말씀이 나오는데, 이 말씀을 '몸의 2차적 속량' 곧 부활의 몸이라 정의한다.

요 20:25). 부활의 몸 역시 육신의 몸 지각으로 경험이 가능한 몸이었다.

그러나 부활의 몸은 더는 죽음과 고통이 없다. 예수님은 **"부활 때에는 장가도 아니 가고 시집도 아니 가고 하늘에 있는 천사들과 같으니라"**(마 22:30)고 하셨다. 부활의 몸은 온전한 영의 몸이다. 그래서 우리는 부활의 몸, 곧 몸의 온전한 속량을 기다리고 있다.

바울은 **"육(프쉬케)의 몸으로 심고 신령한 몸으로 다시 살아나나니 육의 몸이 있은즉 또 영의 몸도 있느니라"**(고전 15:44)면서, 부활의 몸이 반드시 있음을 강조한다. 그러나 우리는 부활의 몸을 언어로 온전히 설명할 수 없다. 그래서 바울은 몸의 부활을 **"비밀(신비)"**로 말하고 있다(고전 15:51).

우리는 그 신비한 부활의 몸을 소망하며, 오늘도 양자의 영에 의지하며 탄식의 기도를 올린다. **"나팔 소리가 나매 죽은 자들이 썩지 아니할 것으로 다시 살아나고 우리도 변화되리라 이 썩을 것이 반드시 썩지 아니함을 입고 이 죽을 것이 죽지 아니함을 입으리로다"**(고전 15:52-3).

Part IV 죽음과 생명의 철학적 신학
'에노스'와 현존재의 만남

1. 죽음이란 무엇인가?

그리스 델포이 아폴론 신전에는 "γνῶθι σεαυτόν(너 자신을 알라)"라는 말이 새겨져 있다. 이 말은 사람이 신이 아님을 알라는 경고의 메시지이다. 신은 죽지 않는 무한한 존재이다. 반면에 사람은 죽을 수밖에 없는 유한한 존재이다.[62] 아폴론 신전은 찾아오는 모든 사람에게 먼저 자신이 죽을 수밖에 없는 존재임을 깨닫게 했다. 죽음을 망각한 인간은 교만해져서 신에게 도전할 수 있지만, 죽음을 아는 인간은 겸허히 신의 음성을 경청할 수 있다.

필자의 죽음에 관한 첫 경험은 할머니의 죽음이었다. 필자는 어린 시절 집에서 할머니의 죽음을 보았다. 할머니는 내 삶의 공간에서 죽음을 맞이하셨다. 필자가 살았던 과거에는 죽음이 멀리 있는 것이 아니라, 각자 삶의 공간 안에 있었다. 그러나 시간이 지나면서 죽음은 내 삶의 공간에서가 아니라, 병원의 영안실에서만 볼 수 있게 되었다. 서서히 죽음

---

62. 소크라테스는 "너 자신을 알라"는 신전의 말을 자기의 인식의 한계를 깨닫게 하는 경구로 해석했다. 그는 이 말을 당대 지식인이라 할 수 있는 소피스트들을 향해서 던졌다. 곧 이 말은 '너 자신의 무지함을 깨달으라'는 말이다.

은 우리 일상적 삶의 공간에서 배제되기 시작하였다. 곧 죽음은 삶이라는 절박한 공간에서 밀려나기 시작했다. 그러다가 우리는 갑작스러운 타인의 죽음을 통해서 죽음을 다시 생각하게 된다. 의도적으로 외면했던 죽음이 현실의 문제로 등장한다.

우리는 전대미문의 '코로나 19'라는 팬데믹을 경험하고 있다. 매일 휴대전화기에는 코로나에 감염된 사람의 숫자와 사망자 숫자가 통보되었다. '코로나 19'는 가려진 죽음을 우리의 의식 전면에 등장하게 하였다. 곧 죽음이 삶을 소환한 것이다. 삶과 죽음은 인간을 지탱하는 두 개의 축이다. 삶은 죽음 없이 말할 수 없고, 죽음은 삶이 없이는 말할 수 없다. 삶과 죽음은 동전의 양면처럼 존재한다. '죽음은 무엇인가?'라는 물음은 '삶이 무엇인가?'라는 물음과 공속적 관계에 있다. 그러나 죽음과 생명을 한정된 지면에서 모두 다룰 수는 없다. 그래서 필자는 죽음의 문제에 천착하려고 한다. 곧 죽음을 통한 생명의 발견이다. 그럼 죽음에 관한 물음을 시작해보자.

죽음은 무엇인가? 죽음은 삶의 끝인가? 죽음 이후에는 또 다른 삶이 있는가? 영혼은 불멸하는가? 등 우리는 죽음에 관한 갖가지 물음을 제기할 수 있다. 세계보건기구(WHO)에서는 죽음을 "소생할 수 없는 삶의 영원한 종말"로 정의하고 있다. 죽음의 사전적 의미는 생명체의 삶이 끝나는 것, 삶의 종말을 의미한다. 그런데 이러한 죽음에 관한 정의 역시 다분히 추상적이다. 세밀하게 따지고 들면, 어떠한 조건과 상황 그리고 어떤 시점을 죽음이라고 말할 수 있는가?라는 물음을 제기할 수 있다. 이 물음은 '의학적인 분석'을 요구한다. 그러나 필자는 여기서 의학적인 죽음을 규명하는 것이 아니기에, 더는 깊이 들어가지 않으려고 한다.

말기 암 환자로 죽음을 눈앞에 둔 이어령 교수가 김지수 기자와 인터뷰한 『이어령의 마지막 수업』이 출간되었다. 이어령 교수는 죽음을 '모태로의 귀환'으로 설명했다.[63] 아이들이 놀이터에서 한창 놀고 있는데, 엄마가 아이를 집에 들어와 밥 먹으라고 부른다. "그만 놀고 들어와 밥 먹어!" 이것이 바로 죽음의 콜링이다. 죽음은 세상이라는 놀이터에서 신나게 놀고 있는 나를 부르는 것이다. 죽음은 '이쪽에서 저쪽으로' 건너오라는 명령이다. 저곳은 어디인가? 이어령 교수는 '엄마의 품'이라고 설명한다. 죽음은 다시 엄마의 품으로 돌아가는 것이다. 그런데 엄마의 품은 어떤 곳인가? 엄마의 품은 생명을 낳은 곳이다. 그러므로 죽음은 세상에서 그만 놀고, 다시 생명으로 돌아가는 것이다. 그런 면에서 죽음은 또 하나의 생명이다.

필자는 모태로의 귀환이라는 이어령 교수의 죽음관을 보면서, 또 다른 죽음 생각하였다. 태아의 죽음과 생명이다. 태아가 엄마 뱃속에서 생명을 유지하는 것은 '탯줄'이다. 태아는 양수가 가득한 엄마의 뱃속에서 탯줄과 연결하며 삶을 살아간다. 그러나 태아는 엄마의 뱃속에서 영원히 살 수 없다. 시간이 차면 태아의 삶을 마치고 세상으로 건너와야 한다. 태아가 양수 밖 세상을 경험하기 위해서는 생명의 탯줄을 끊고 밖으로 나와야 한다. 태아가 탯줄을 끊는다는 것은 죽음이다. 태아는 탯줄을 끊는 죽음을 통해서 또 다른 세상의 생명을 경험하게 된다. 태아가 세상으로 건너와서 자신을 알리는 첫소리가 '울음'이다. 이 아이의 울음은 죽음을 알리는 애도의 목소리이며, 동시에 새 삶의 시작을 알리는 환희의 부르짖음이다.

우리가 죽음을 모태로의 귀환이라고 한다면, 첫 번째 죽음을 통해서

---

63. 김지수, 『이어령의 마지막 수업』(열림원, 2021), 156쪽 참조.

이 땅에서의 생명을 경험하고, 두 번째 죽음을 통해서 다시 생명이 있는 곳으로 귀환하는 것이다. 이것이 바로 죽음의 변증이다.

2. 문학과 철학을 넘어서 철학적 신학으로

이어령 교수는 죽음을 문학적으로 그리고 삶의 이야기로 해석했다. 듣는 우리가 공감할 수 있는 죽음과 삶의 이야기이다. 문학은 죽음을 감성의 눈으로 해석하고 접근한다. 그래서 문학은 죽음을 다양한 시선으로 표현한다. 죽음 문학의 대표성을 알리는 톨스토이의 『이반 일리치의 죽음』도 마찬가지이다. 톨스토이는 당시 사회적으로 존경받고, 상류계층이라 할 수 있는 판사 이반 일리치의 죽음을 통해서 삶의 중요성을 깨닫게 했다.

이반 일리치는 출세와 성공을 위해서만 살았다. 그런 그가 죽음에 직면하면서 삶이 무엇인가? 비로소 눈을 뜨게 되었다. 그는 아들의 눈물을 통해서 빛을 발견하고 스스로에 묻는다. 나는 무엇을 잘못했지?라고 반문하면서 비로소 아내와 자식과 재회하게 된다. 이전에 자신의 죽음을 냉담하게만 보았던 가족들이 불쌍하게 보였다. 그는 그들이 불쌍한 생각이 들어 "쁘로스찌(용서해 줘)라고 말하고 싶었지만, "쁘로뿌쓰지(나가게 해)라고 말하고 말았다.[64] 하지만 그 말을 바꿀 힘이 없었다. 다시 말해서 이반은 아내와 아들에게 "용서해줘"하고 싶었지만, "나가게

---

64. 똘스또이, 이강은 옮김, 『이반 일리치의 죽음』(창비, 2012), 118쪽. 이반 일리치는 누군가 "임종하셨습니다"라는 말을 듣고 마음 속에 되뇌었다. "끝난 건 죽음이야. 이제 더 이상 죽음은 존재하지 않아." 그는 이 말을 속으로 되뇌이며, 길게 숨을 들이마시다가 그대로 멈추고 온몸을 쭉 뻗고 숨을 거두었다.(119쪽)

해"라고 한 것이다. 그 후에 그는 빛을 경험하게 된다.[65] 이반은 죽음에 이르러서야 비로소 진정으로 자신이 원하는 것이 가족의 사랑임을 깨닫게 된다.[66] 톨스토이는 죽음이 삶과 분리된 것이 아니라, 삶의 한 부분임을 깨닫게 한다. 곧 죽음을 통해서 삶의 의미를 발견하고 삶 가운데 죽음이 존재함을 기억하게 한다.

문학이 죽음을 각자의 삶과 연관하여 다룬다면, 철학은 이성의 보편성을 기준으로 죽음을 논증한다. 죽음이 이성의 보편적 틀 안에서 논증될 때, '죽음의 철학'이 될 수 있다. 그러나 죽음이 이성의 틀에서 모두 논증될 수 있는가? 여기서 죽음은 이율배반(antinomy)에 빠지게 된다. 철학이 이성의 논증으로 죽음을 설명할 때, 죽음의 또 다른 면이 감추어지게 된다. 곧 죽음에는 이성으로 파악되지 않는 '초월적인 영역'이 있다. 죽음의 초월적인 영역을 종교는 신비한 체험의 영역으로써 '계시'라고 표현한다. 종교는 계시의 영역을 제시하면서, 철학보다 한 수 위라고 자랑한다. 계시는 일종의 '초월자(절대자)의 자기 전개'라고 말할 수 있다.

그런데 만일 신학이 종교가 갖는 계시의 영역에만 머문다면, 신학은 학문으로 존재할 수 없다. 신학이 학문이 되기 위해서는 이성의 보편적

---

65. 죽음 학자들은 이반 일리치가 경험한 빛을 임사체험의 상태에서 보는 짧은 순간의 빛으로 설명한다. 임사체험을 겪은 사람들은 대부분 짧은 순간 동안 말로 표현할 수 없는 아름다운 빛을 경험하게 된다. 그리고 이 빛을 본 후에 다시 되돌아온다.(엘리자베스 퀴블러 로스, 최준식 옮김, 『사후생: 죽음이후의 삶의 이야기』([재]여해와 함께, 2021), 30쪽.
66. 죽음 앞에서 사람은 자신이 얼마나 잘못 살았는가를 깨닫게 된다. 퀴블러 로스는 죽음의 순간에 자신을 되돌아보며 빛을 경험하게 된다. 그 빛은 조건 없는 사랑이다.(엘리자베스 퀴블러 로스, 같은 책, 31쪽.)이반 일리치는 죽음의 순간 빛을 경험하고 사랑을 발견하게 된 것이다.

틀이 필요하다. 여기서 신학은 철학과 만나게 된다. 신학은 철학과의 만남을 통해서 이론적 깊이를 더하게 된다. 신학은 신앙으로부터 시작하지만, 신앙을 가진 사람들만을 위한 배타적 학문이 되어서는 안 된다. 신앙을 가진 사람만이 아니라, 비신앙인의 요구에도 응답할 책임이 있다. 여기에 '철학적 신학(Philosophical Theology)'이 필요하다. 철학적 신학은 종교와 철학의 대화, 혹은 신학과 철학의 대화에서 시작된다. 여기서 말한 대화는 상호경쟁과 대립이 아니라, 열린 공론의 장으로 들어가는 것이다. 필자가 원하는 철학적 신학은 신학과 철학의 상호대립적 관점을 넘어서 대화적인 동반자적 관계를 의미한다. 철학적 신학은 철학과 일반학문이 신학에 가해지는 비판을 변증하고, 종교가 지닌 왜곡된 전통을 반성적으로 돌아보는 길을 제공한다.[67]

철학적 신학이라는 말이 본격적으로 회자되기 시작한 것은 폴 틸리히(P. Tillich)가 뉴욕의 유니온 신학대학교 석좌교수로 취임하면서이다. 철학적 신학은 틸리히가 취임하는 석과 교수명이었다. 그는 자신을 철학과 신학의 경계선에 있는 학자로 소개하며, 철학을 깊이 있게 포용하는 신학과, 동시에 신학을 깊이 있게 포용하는 철학을 표방하였다. 다시 말해서 "신학이 있는 철학", "철학이 있는 신학"을 주장하였다.[68] 특별히 죽음에 관한 통찰은 철학과 신학의 공속적인 철학적 신학을 통해서만 바르게 논증될 수 있다. 철학으로 논증할 수 없는 죽음의 형이상학적

---

67. 윤철호, 「철학적 신학에의 조망(眺望)」, 『장신논단 10』(장로회신학대학교 기독교사상과 문화연구원, 1994), 417쪽 참조
68. 한승홍, 「철학적 신학의 기초이론에 관한 연구」, 『장신논단 6』(장로회신학대학교 기독교 사상과 문화연구원, 1990), 495쪽 참조. 폴 틸리히의 학문은 철학과 신학의 경계에 있다. 그는 브레스라우 대학교에서 철학박사, 신학사, 그 후 할레 대학교에서 명예 신학박사, 마흐부르크 대학에서 신학교수, 프랑크푸르트 대학교에서 철학교수, 뉴욕 유니온신학교의 객원교수 등 철학과 신학을 동시에 강의하며 교수를 하였다.

영역을 신학을 통해서 전개하고, 신학의 신비적 영역을 다시 철학을 통해서 규명하는 방식이다.[69]

3. 인간은 어떤 존재인가?

1) 인간은 무엇인가?

우리가 죽음이 무엇인가를 파악하기 위해서는 먼저 인간에 관한 존재론적 물음을 던져야 한다. 인간은 어떤 존재인가?라는 물음이다. 독일의 철학자 칸트(I. Kant)는 인간 존재에 관한 물음을 크게 네 가지로 제기했다. 첫째, 나는 무엇을 알 수 있는가? 이 물음은 인식론적 물음으로 동시에 존재론적 물음이다. 이 질문은 이성이 파악할 수 있는 범위와 한계를 말하며, 동시에 존재의 근원에 대한 형이상학적 탐색이다. 칸트는 이 물음을 『순수이성비판』을 통해서 대답했다. 둘째, 나는 무엇을 해야 하는가? 이 물음은 인간의 도덕과 윤리에 관한 물음인 동시에 삶의 가치에 관한 물음이다. 곧 윤리학의 영역이라 할 수 있다. 칸트는 이 물음을 『도덕 형이상학 원론』, 『실천이성비판』을 통해서 대답했다.

셋째, 나는 무엇을 희망해도 되는가? 이 물음은 종교의 영역이다. 칸트는 이 물음을 『이성의 한계 안에서의 종교』를 통해서 답했다. 넷째,

---

69. 필자가 주장한 철학적 신학은 어떤 면에서 보면, '신학적 철학'에 가깝다고 할 수 있다. 물론 신학과 철학의 조화를 포기하는 것이 아니지만, 이성의 한계를 보다 솔직하게 인정하는 신학이다. 그런 의미에서 케에르케고르 주장한 '신앙적 이성'이라 할 수 있다. 케에르케고르는 아브라함이 아들 이삭을 번제로 바치는 그 말씀을 신앙적 이성의 원리로 해석한다. 진짜 믿음은 이성적 사유를 넘어선 곳에 비로소 시작된다는 말이다.

인간은 무엇인가? 칸트는 이 물음이 앞에서 제기한 세 가지 물음을 내포하고 있다고 보았다. 즉 인간에 관한 학문이 인식론, 존재론, 가치론의 문제를 온전히 답할 수 있다. 그런데 막상 칸트는 철학적 인간학에 관한 문제에 충실하개 답하지 못했다. 그가 말년에 쓴 『실용적 관점에서 인간학』은 인간의 본질적인 문제에 관해 그 해답을 주지 못하고 있다. 단지 칸트는 사람이 동물적 본성에서 한 단계 발전된 기술적 소질, 실용적 소질과 도덕적 성향에 관한 특성들을 가지고 있음을 논증하고 있다. 곧 인간이 자신을 계몽하고 문화화하여, 도야 된 인간이 되어야 함을 말하고 있다.

인간이란 무엇인가?라는 물음에 구체적으로 대답한 철학자는 막스 셸러(M. Scheler)이다. 막스 셸러는 『우주에 있어서 인간의 지위(Die Stellung des Menschen im Kosmos)』를 통해서 인간 존재의 본질을 규명한다. 그는 인간을 자연과학적 지식을 바탕으로 하면서도 자연과학으로 설명할 수 없는 부분이 있다고 주장한다. 이것은 다른 생명체와 구별되는 철학적 본질개념이다. 이것을 규명하기 위해서 셸러는 먼저 인간과 동물이 공유하는 심적 세계를 4단계로 분석한다. 가장 낮은 단계는 동식물이 공유하는 특성으로 무의식적인 '감각충동(Gefühlsdrang)'이 지배하는 세계이다. 매우 직접적이고 감각적으로 반응하는 단계다. 셸러는 이것을 식물이 자연에 반응하는 방식으로 설명한다. 두 번째 심적인 단계는 '본능(Instinkt)'이다. 본능은 하등동물의 본질을 이루고 있으며, 욕구 지향적이다. 욕구과 욕망에 의해서 움직이는 세계이다. 세 번째 심적인 단계는 '연상적 기억(assoziatives Gedächtnis)'이다. 동물이 갖는 일종의 조건반사와 같은 기억이다.[70] 동일한 행동의 횟수에 의존

---

70. 김종헌, 『셸러. 우주에서 인간의 지위』(UUP, 2001), 33쪽 참조.

해서 거기에 자신의 행동이 반응하는 것이다. 네 번째 심적인 단계는 '실천적인 지능(praktische Intelligenz)'이다. 심리학자 볼프강 쾰러(W. Köhler)는 실천적 지능이 동물에게도 있다는 것을 침팬지 실험을 통해서 보여준다. 우리에 갇혀 있는 원숭이가 천장에 매달려 있는 바나나를 따 먹기 위해서 주변에 있는 상자나 막대기를 이용한 것이다. 이것은 원숭이가 전혀 사전 학습이 없는 상태에서 도구를 이용한 실천적 지능을 보여준 것이다.

막스 셸러는 심적 세계의 4단계로는 인간과 동물에 큰 차이가 없다고 주장한다. 곧 정도상의 차이가 있을 뿐이다. 그런데 인간에게는 다른 동물에게서 전혀 발견할 수 없는 것이 존재한다. 셸러는 이것을 바로 '정신(Geist)' 혹은 '인격(Person)'이라고 부른다. 인간은 정신을 통해서 세계를 대상화하여 '열린 세계(개방된 세계)'를 만들어간다. 그런데 셸러는 인간의 정신을 무어라 규정할 수 없는 '미지수 X'라고 규정한다.[71] 정신은 무어라 분명하게 정의할 수 없지만, 인간의 독특한 특성이다. 인간은 정신을 통해서 환경의 속박에서 벗어날 수 있고, '자기의식'을 갖는 존재가 된다. 그러면 이 정신의 근원은 어디인가? 셸러는 진화론적 인간 이해를 거부하면서, 정신의 형이상학적 기원을 주장한다.

이미 근대철학자 데카르트는 정신을 '본유관념'이라 주장했다. 데카르트는 인간의 관념을 크게 세 종류로 구분했다. 외래관념, 인위관념, 본유관념이다. 외래관념은 외적 대상을 통해서 얻어지는 표상을 말한다. 인위관념은 실재로 존재하지 않지만, 사람의 상상력에 의해서 만들어진 표상이다. 일종의 인어, 용 등 사람의 상상력을 통해서 얻은 관념이다. 본유관념은 선험적으로 주어진 것이다. 우리가 가지고 있는 선험

---

71. 김종헌, 같은 책, 44쪽 참조.

적 지식 등이 존재한다.[72] 이것은 선천적으로 주어진 것이다. 신학적으로 표현하면 하나님의 형상으로 창조된 사람에게 본질적으로 주어진 것이다. 그래서 필자는 여기서 정신의 기원을 신학적으로 접근하려고 한다. 하나님은 인간을 어떻게 창조하셨는가?

2) 인간 정신의 기원과 죽음

> "여호와 하나님이 땅의 흙으로 사람을 지으시고 생기를 그 코에 불어 넣으시니 사람이 생령이 되니라"(창 2:7).

하나님은 사람을 "땅의 흙으로" 지으셨다. 여기서 땅은 '아다마(אדמה)'이고 흙은 '아파르(עפר)'이다. 히브리어 '아다마'는 '붉다'라는 아담에서 파생한 말로 '붉은 흙'을 말한다. '아파르'는 '먼지', '티끌', '재' 등을 말한다. 그러므로 하나님은 사람(아담)을 붉은 땅의 흙먼지로 만드신 것이다. 그런데 중요한 것은 하나님이 그 흙먼지 덩어리에 "생기"를 불어넣으셨다는 점이다. 여기서 우리는 정신의 기원을 찾을 수 있다. 곧 철학이 생득관념으로 주어졌다는 정신의 근원을 발견할 수 있다. "생기"는 히브리어로 '니쉬마트(נשמת) 하임(חיים)'이다. 니쉬마트는 호흡, 기운, 영혼 등으로 번역되는 네샤마(נשמה)와 관계된 말이다. 그리고 하임은 생명으로 번역되는 '하이(חי)'의 복수형이다. 그러므로 '니쉬마트 하임'을 직역하면, '생명들의 기운'을 말한다. 즉 흙먼지 덩어리가 생명을 갖게 하는 원동력이 바로 하나님이 불어넣으신 생기이다. 그 결과로 사람은 '생령'이 되었다.

---

72. 데카르트의 본유관념은 칸트의 선험적 지식의 근거가 된다. 선험적 지식은 경험 이전에 인간에게 주어진 지식을 말한다.

그런데 여기서 "생령"이라는 말은 '네페쉬(נפש) 하야(חיה)'를 쓰고 있다. 킹 제임스 성경 구버전(KJV)은 '네페쉬 하야'를 'a living soul'로 번역하였다. 이 같은 번역은 히브리어 '네페쉬'를 'soul(영혼)'으로 한정해서 번역한 것이다. 그런데 구약성경을 보면, 네페쉬가 매우 폭넓게 사용되고 있으며, 헬라어 프쉬케(Ψυχή)의 개념으로 번역되지만 그 이상의 의미가 있기도 하다. 이러한 점을 반영해서 '신 킹 제임스 성경(NKJV)'은 'a living being'으로 다시 번역하였다. 그런데 문제는 구약성경이 '네페쉬 하야'를 사람에게만 쓴 것이 아니라, 동물에게도 사용하고 있다는 문제가 있다. 가령 창세기 1장 20절 "하나님이 이르시되 물들은 생물을 번성하게 하라 땅 위 하늘의 궁창에는 새가 날으라 하시고"라는 말씀에서 "생물"을 '네페쉬 하야'로 기록하고 있다. 그렇다면 인간과 동물은 본질적인 차이가 없는가? 그렇지 않다.

인간은 넓은 의미에서 동물의 범주에 들어간다. 그러나 인간에게는 동물과 본질적으로 구별되는 특성들이 있다. 이미 우리는 막스 셸러의 철학적 인간학을 통해서 살펴보았다. 쉽게 말하면, 전통철학은 인간과 동물의 차이를 '이성(정신)'으로 본다. 그래서 일반적으로 사람을 정의할 때, '인간은 이성적 동물'이라 말한다. 이 말은 사람이 동물의 범주에 들어가지만, 본질적으로 구별된 정신이 있다는 것이다. 이 같은 논리적인 추론을 성경에서도 할 수 있다.

하나님은 모든 살아 있는 생물을 '네페쉬 하야', 곧 숨 쉬는 존재로 지으셨다. 인간 역시 숨 쉬는 존재 곧 '동물'이다. 그런데 하나님은 다른 동물과 달리 '사람에게만' 직접 코에 생기를 불어 넣었다. 우리는 성경 어디에서도 동물의 코에 생기를 넣었다는 말씀을 찾아볼 수 없다. 하나님이 사람에게 불어넣으신 숨, 호흡, 영혼은 동물이 지닌 영혼과는 다르다. 곧 하나님은 인간을 동물과 똑같은 '네페쉬 하야'로 지으신 것이 아니다. 그러므로 우리는 언어학적 오류에 빠져서는 안 된다. 또한, 죽은 후에 '사람의 네페쉬(영혼)'가 돌아가는 방향도 다르다. 전도서 3장 19-21절을 보자.

"19 인생이 당하는 일을 짐승도 당하나니 그들이 당하는 일이 일반이라 다 동일한 호흡(루아흐)이 있어서 짐승이 죽음 같이 사람도 죽으니 사람이 짐승보다 뛰어남이 없음은 모든 것이 헛됨이로다 20 다 흙으로 말미암았으므로 다 흙으로 돌아가나니 <u>다 한 곳으로 가거니와</u> 21 인생들의 혼(루아흐)은 <u>위로 올라가고</u> 짐승의 혼(루아흐)은 아래 곧 <u>땅으로 내려가는</u> 줄을 누가 알랴."

먼저 전도서는 사람과 동물의 동일한 점을 말한다. 동일한 호흡을 갖고 동일한 죽음을 경험하게 된다. 그런데 호흡이 '루아흐(רוח)'를 쓰고 있지만, 여기서 '루아흐'는 인간만의 본질적인 '영(spirit)'이 아니라, 호흡 혹은 동물과 공유하는 영혼이라 해석할 수 있다. 그리고 사람과 동물이 다 같이 흙으로 지음을 받았으니, 모두가 흙으로 돌아간다. 전도서는 그것을 "다 한 곳으로 가거니와"라고 표현했다. 그런데 중요한 말이 21절에 있다. 사람의 혼은 위로 올라가고, 짐승의 혼은 땅으로 내려간다는 것이다. 여기서 비록 혼이 히브리어 '루아흐(רוח, 영)'를 사용하고 있지만, 문맥상으로 보면 '네페쉬(영혼)'를 의미한다. 그러므로 사람의 네페쉬와 동물의 네페쉬가 돌아가는 곳이 다르다는 것을 말한다. 물론 이 부분에 대해 일부 학자들은 다르게 해석하지만, 성경은 분명하게 영혼의 차이를 말하고 있다.

히브리인들은 그리스인들처럼 개념을 정확하게 구분해서 분석적으로 사용하지 않고 있다. 그래서 그 단어 개념을 맥락 속에서 확장된 의미를 잘 파악해야 한다. 필자는 그 대표적인 사례가 창세기 2장 7절이라고 본다. 그래서 개역개정 성경이 '생령'으로 번역한 것을 오역으로 보지 않는다. 오히려 필자는 그 의미를 문맥상에서 제대로 살렸다고 본다. 필자의 생각으로는 '네페쉬(영혼)'라고 기록하고 있지만, 그 의미는 동물의 네페쉬와는 구분되는 인간만의 본질적인 '루아흐(영, 정신) 적인 것'을 내포하고 있기 때문이다.[73] 필자는 이 근거를 전도서 12장 7절에서 찾는다. 전도서는 "흙은 여전히 땅으로 돌아가고 영(루아흐)은 그것을 주신 하나님께로 돌아가기 전에 기억하라"고 기록하고 있다. 여기서 영(루아흐)의 기원은 어디인가? 하나님이 사람의 코에 생기로 불어넣으신 것이다. 전도자는 사람이 죽으면 육신은 흙으로 돌아가고, 하나님이 주신 루아흐는 다시 하나님께 돌아가는 것을 기억하라고 한다.

    필자는 이 부분을 육신과 더불어 영이 죽는다고 생각하는 구약학자들은 어떻게 설명하고 있는가? 궁금하다. 우리가 구약성경을 읽으면서 혼돈을 갖게 된 것은 단어 개념을 다양하게 사용한다는 점이다. 언급했듯이, '네페쉬'나 '루아흐'가 그 대표적인 경우이다. 특히 루아흐는 하나님의 영으로 하나님을 의미하기도 한다.[74] 그러나 동물과 사람이 공유하는 호흡으로도 사용하고 있다. 그래서 죽음과 영혼의 문제를 논할 때, 다소 혼란을 일으키고 있다.

---

73. 네페쉬로서의 사람과 동물의 차이가 있듯이, 사도 바울은 사람의 육체와 동물의 육체가 같은 것이 아님을 강조했다. "육체는 다 같은 육체가 아니니 하나는 사람의 육체요 하나는 짐승의 육체요 하나는 새의 육체요 하나는 물고기의 육체라"(고전 15:39).
74. 땅이 혼돈하고 공허하며 흑암이 깊음 위에 있고 하나님의 영(루아흐)은 수면 위에 운행하시니라(창 1:2).

3) 영혼은 불멸하는가? 아닌가?

　창세기 2장 7절에 나오는 사람의 창조를 철학적으로 정의하면, 육체와 영혼의 결합이라 말할 수 있다. 육체는 흙이며, 영혼은 생기이다. 육체는 사람의 질료를 형성하며, 영혼은 흙이 사람이 되게 하는 형상이다. 이것을 다시 신학적으로 표현하면, 사람은 '하나님의 형상(imago-dei)'으로 존재한다. 고대 철학자 플라톤(Platon)은 영혼이 육체와 결합하기 이전부터 존재한다고 주장한다(영혼의 선재설). 영혼은 불멸의 이데아 세계에 존재하며, 이 영혼이 육체와 결합을 통해서 사람이 된 것이다. 그런데 영혼이 육체와 결합함으로 이데아의 세계를 망각한다. 곧 참된 인식의 세계를 잊어버리고, 현실의 세계에 살게 된다. 그러다가 사람이 죽으면 다시 영혼이 육체와 분리되어 있었던 곳으로 돌아간다. 영혼은 육체의 죽음을 통해서 비로소 자유와 진리를 알게 된다. 그러므로 플라톤의 죽음은 비관적이지 않다. 이 같은 플라톤의 죽음관은 이데아의 세계와 현실의 세계가 분리되었다고 주장하는 '이원론적 세계관'에 근거하고 있다.

　반면에 그의 제자라 할 수 있는 아리스토텔레스는 모든 존재자를 '질료'와 '형상'의 결합체로 보았다. 질료는 존재자가 생성될 수 있는 물질적 기반을 말하며, 형상은 그 질료에 현실을 부여하고 형태화하는 본질을 말한다. 그런데 그는 플라톤처럼 형상이 존재자(개체)와 분리되어 독자적으로 존재하는 것이 아니라, 존재자 안에 있는 것으로 보았다. 이런 면에서 그의 철학은 일원론적 관점을 지니고 있다고 할 수 있다. 그러나 그의 죽음관은 플라톤처럼 영혼의 죽음을 인정하지 않는다. 비록 그가 플라톤의 이원론을 극복하고 일원론을 주장하지만, 영혼의 불멸성을 주장한다.

이원론적 세계관을 거부하며 세계를 '물질'로만 설명하거나 아니면 정신으로만 설명하는 '일원론적 관점'이 있다. 특별히 사람을 물질적인 존재로 환원해서 분석하고 설명하는 방식을 '물리주의(physicalism)'라고 부른다. 물리주의는 인간의 정서적 활동과 사유 활동조차 물리적 기능으로 보고 있다.[75] 물리주의자들은 영혼도 물질의 변화된 형태라고 주장한다. 이러한 관점을 '유물론'이라 부르기도 한다. 물리주의자들은 육체가 죽음에 따라 영혼도 죽는다고 본다. 그들은 영혼을 물질의 진화된 산물로 보고 있다. 곧 영혼이 본래부터 주어진 것이 아니라, 살아가면서 자연스럽게 발생하였다고 주장한다. 또한, 그들은 영혼이 영혼의 기능을 발휘하는 것은 육체에 기반을 둘 때만 가능하다고 주장한다. 가령 우리 몸을 바늘로 찌를 때, 그 고통이 영혼에 전달되어 영혼이 통증을 경험하게 된다. 곧 영혼은 철저히 육체에 기반하여 존재한다. 그러므로 자극을 주는 육체적 감각작용이 멈출 때 자연스럽게 영혼의 작용도 멈추고 그 기능이 사라진다고 주장한다.

그러나 영혼과 육체의 이원론자들 입장은 육체가 사라지더라도 영혼은 독립적으로 존재 가능하다고 주장한다. 왜냐하면, 영혼과 육체는 본질적으로 다르기 때문이다. 단지 사람의 몸에 잠시 영혼과 물질이 결합해 있을 뿐이다. 우리는 사람의 영혼이 육체와 분리되는 현상을 얼마든지 볼 수 있다. 구체적인 한 사례로 '임사체험(near-death-experience)'을 들 수 있다. 임사체험을 한 사람들은 공통적으로 영혼이 잠시 자신의 육체를 떠나 있었다고 주장한다. 가령 수술대에서 죽었다가 살아난 사람들은 영혼이 공중에 떠다니면서 수술대 위에 놓인 자신의 육신을 내

---

75. 물질을 중심으로 사람과 세계를 설명하는 일원론이 있듯이, 세계와 사람을 정신으로만 논증하는 일원론이 있다. 곧 물리적 존재는 마음이 품고 있는 관념에 불과하다는 주장이다. 이러한 철학을 '유심론(idealism)'이라 부른다.(셸리 케이건, 박세연 옮김, 『죽음이란 무엇인가』(엘도라도, 2021), 26쪽 참조.

려다봤다고 말한다. 그리고 수술실을 넘어서 어둠의 터널을 지나고 눈이 부신 빛을 보았다고도 한다. 즉 자신이 죽어서 하늘나라를 경험했다는 것이다. 이것이 일반적인 임사체험이다.[76] 다시 말해서 이것은 육체는 물리적으로 죽었고, 영혼이 다음 세상으로 넘어갔다가 이 세상으로 돌아왔다는 것이다. 그러나 물리주의자들은 임사체험을 뇌의 충격에 의해서 발생하는 일시적인 환각 현상으로 간주한다.[77] 혹은 일종의 '소망사고의 투사 현상'으로 간주한다. 즉 죽는 사람이 간절한 바라고 갈망하는 것이 상상력으로 만들어낸 것으로 본다.

엘리자베스 퀴블러 로스는 이런 주장에 대해 자신이 치료한 열두 살 난 한 여자아이의 임사체험을 제시한다.[78] 이 여자아이는 어느 날 아버지에게 자신이 경험한 신비한 죽음을 털어놓았다. 아이는 자기가 죽었을 때, 너무도 아름다운 경험을 했기에 되돌아오고 싶지 않았다. 그런데 그곳에서 오빠를 만났는데, 오빠가 따뜻한 사랑과 연민으로 대해주었다. 아이는 오빠의 사랑을 아빠에게 전하면서, '그런데 아빠, 왜 저에게

---

76. 셀리 케이건, 같은 책, 80쪽.
77. 최근 미국 루이빌대 의과대학 과학자들이 임사체험을 뇌의 반사작용을 설명하는 논문을 「노화 신경과학 프론티어스(Frontiers in Aging Neuroscience)」에 발표하였다. 연구자들은 낙상으로 인한 뇌출혈로 병원에 온 87세 간질 환자의 뇌파를 측정하던 중 환자가 갑작스럽게 심장사를 하면서, 죽음의 순간에 일어난 뇌파 활동을 기록하게 되었다. 연구진이 그 기록을 분석하면서 환자의 심장 박동 정지 전후 30초 동안 감마파로 알려진 뇌파 활동이 증가했음을 확인했다. 이는 꿈을 꾸거나 명상, 과거의 일을 회상할 때 나타나는 뇌파 활동과 같은 것이었다. 이것은 죽음 직전에 자신의 삶에서 중요했던 일을 마지막으로 떠올리는 일일 수 있다는 것이다. 곧 임사체험은 뇌의 작용에 의한 것이지, 영혼의 독립적인 활동이 아니라는 것이다. 그러나 연구진들은 이것으로 임사체험을 다 설명할 수 있는 것은 아니다고 거듭 강조했다.(한겨레, 2022. 2. 27일 미래&과학 기사 참조).
78. 엘리자베스 퀴블러 로스, 같은 책, 57-59쪽 참조.

오빠가 없는데 그렇죠?라고 물었다. 아이의 이야기를 듣고 아빠는 울기 시작했다. 아이가 태어나기 3개월 전에 오빠가 죽었다는 사실을 고백했다. 부모는 오빠의 죽음에 대해 전혀 말하지 않았다. 퀴블러 로스는 이 같은 임상 사례를 제시하면서 뇌의 충격에 의한 일시적 환각이나, 소망 사고의 투사라는 주장이 잘못되었음을 논박했다.

다음으로 우리는 '강령술(降靈術, necromancy)'을 생각해 볼 수 있다. 강령술은 죽은 자의 영혼을 불러내거나 대화를 하는 조종 능력을 말한다. 가령, '신기(神氣)'가 강한 영매가 나와 돌아가신 어머니와 나만 알고 있는 비밀을 이야기한다면, 이것을 어떻게 이해해야 하는가? 그 영매는 돌아가신 어머니의 영혼을 불러내어 자신이 그 혼령과 이야기를 나누어서 알았다고 말한다. 사실 우리는 이런 사례를 자주 볼 수 있다. 서울대 정현채 교수는 이러한 사례들을 수집하여 『우리는 왜 죽음을 두려워할 필요가 없는가』(비아북, 2018)를 출간하였다.[79] 우리는 과학적으로 논증되지 않는 것을 모두 거짓이라고 몰아세울 수는 없다. 그렇다고 사실로 받아들일 수도 없다. 그런데 이 같은 강령술은 육체와 영혼의 이원적인 세계관에서만 가능하다. 이런 의미에서 이원론자가 갖는 주장에도 약점이 많다.

그러면 성경은 강령술에 대해 어떻게 말하고 있는가? 사무엘상 28장

---

79. 죽음학의 권위자인 엘리자베스 퀴블러 로스는 한번은 심한 교통사고로 엄마는 현장에서 죽고, 딸과 아들만 각기 다른 병동에서 치료하게 되었다. 그런데 여자아이가 임종이 다가오자 "모든 것이 다 잘되고 있어요, 엄마와 남동생이 저를 기다려요"라고 말을 하고 눈을 감았다. 로스 박사는 엄마가 현장에서 죽었다는 것을 알고 있지만, 왜 남동생이 죽었다고 할까?를 생각했다. 그런데 바로 직후에 다른 병동에 있던 여자아이의 남동생이 누나보다 10분 전에 죽었다는 연락을 받았다. 그러므로 죽은 남동생이 마중을 나왔다는 말은 환자의 착각이나 혼동으로 볼 수 없다(정현채, 같은 책, 108-109쪽 참조).

에 보면, 사무엘이 죽은 후에, 사울 왕이 엔돌에 사는 신접한 여인을 찾아가는 대목이 나온다. 사울 왕은 블레셋 군대가 침공해 왔으나, 하나님이 꿈으로도, 우림으로도, 선지자로도 그에게 응답하지 않았다. 그래서 심한 두려움에 휩싸여 신접한 여인을 찾게 되었다. 사울은 무녀에게 죽은 사무엘을 불러주라고 한다. 그러자 한 영이 나타나고, 사울은 그 영을 환생한 사무엘로 생각한다. 그런데 환생한 사무엘이 "네가 어찌하여 나를 불러올려서 나를 성가시게 하느냐?"라고 하자, 사울은 "나는 심히 다급하니이다 블레셋 사람들은 나를 향하여 군대를 일으켰고 하나님은 나를 떠나서 다시는 선지자로도, 꿈으로도 내게 대답하지 아니하시기로 내가 행할 일을 알아보려고 당신을 불러올렸나이다"(삼상 28:15)라고 대답한다. 물론 이 영은 사탄이 주는 거짓의 영이다. 사울은 거짓의 영의 가르침을 받은 것이다. 그래서 성경은 사울의 죽음이 신접한 자의 가르침을 받고 하나님께 묻지 않아서 하나님이 그를 죽였다고 기록하고 있다(대상 10:13-14).

구약성경은 죽은 자의 영혼을 불러내는 것을 엄격하게 금했지만[80] 이 같은 무교의 잔재들이 이스라엘의 신앙 속에 여전히 남아있었다. 이러한 신앙은 인간의 육체가 소멸해도 여전히 영혼이 실재한다고 생각하기 때문이다.

그런데 우리는 육체와 영혼의 이원론에 관한 주장도 다음과 같은 논리로 반박할 수 있다. 사람의 몸에서 영혼과 육체는 상호 독립적으로 존재하는 것이 아니라, 상호 작용 속에서 존재한다. 영혼이 내상을 당하게 되면, 육체적인 고통을 느끼게 되고 동시에 육체의 고통은 마음의 고통

---

[80] "진언자나 신접자나 박수나 초혼자를 너희 가운데 용납하지 말라"(신 18:11), "너희는 신접한 자와 박수를 믿지 말며 그들을 추종하여 스스로 더럽히지 말라 나는 너희 하나님 여호와이니라"(레 19:31). 등 성경 곳곳에서 죽은 자들의 혼과 만나는 것을 금하고 있다.

을 가져오기도 한다. 곧 육체와 영혼은 몸 안에서 상호 공속적 관계에 있다. 그런데 만일 육체의 고통에 의해서 숨이 끊어질 때, 떠나는 영혼이 몸 안에 있을 때와 똑같은 영혼이라 말할 수 있는가? 이 부분에 대해 이원론자들은 어떻게 대답할 것인가?

셸리 케이건(Shelly Kagan)은 서로 다른 존재라 하더라도 육체가 죽음을 맞이하는 순간, 영혼도 함께 소멸한다고 주장한다.[81] 왜냐하면, 영혼과 육체가 상호 작용 속에 존재하기 때문이다. 가령 내 위에 위액이 분비됨으로 영혼은 배고픔을 느낀다. 또한, 충격적 사건을 경험할 때 영혼이 불안감과 우울감을 느끼게 된다. 즉 지금 내 몸에서 다양한 형태의 물질적 과정이 있어야 영혼이 작동한다. 쉽게 말해서 호르몬의 분비 작용으로 영혼이 영향을 받게 된다는 주장이다. 그렇다면 물질적 작용이 없이 영혼은 존재할 수 있는가? 물리주의자들은 그럴 수 없다고 주장한다. 곧 육체적 죽음과 함께 영혼도 소멸할 수 있다.

그런데 만일 물리주의자들의 주장처럼, 죽음이 종말이고 그 이후가 없다면, 죽음에 관한 공부가 무슨 의미가 있는가? 다시 말해서 죽음이 끝인데, 죽음 이후를 묻는다는 것은 전혀 의미가 없는 것이다. '죽음학(thanatology)'이 등장한 것은 죽음이 끝이 아니기 때문이다. 죽음학의 권위자인 엘리자베스 퀴블러 로스(E. Kübler Ross)는 세계 곳곳에서 죽음을 선고받았다가 다시 살아난 2만 가지 사례를 수집하여 연구했다. 그녀는 정신과 의사로서 구체적인 현장연구를 통해서 "죽음의 경험은 출생의 경험과 같다"[82]고 말했다. 죽음은 종말이 아니라, 다른 존재

---
81. 셸리 케이건, 같은 책 33쪽.
82. 엘리자베스 퀴블러 로스, 최준식 옮김, 『사후생: 죽음 이후의 삶의 이야기』(여해와

로 새롭게 탄생하는 것이다. 그래서 그녀는 죽음을 그저 한 집에서 더 아름다운 집으로 옮겨 가는 것으로 정의한다.[83]

죽음학과 똑같지는 않지만, 예수님이 하신 말씀 가운데에도 영혼의 불멸성에 관한 근거들을 발견할 수 있다. 예수님이 "몸은 죽어도 영혼은 능히 죽이지 못하는 자들을 두려워하지 말고 오직 몸과 영혼을 능히 지옥에 멸하실 수 있는 이를 두려워하라"(마 10:28)라고 말씀하셨다.[84] 또한 예수님이 십자가 위에서 구원을 요청하는 강도에게 "내가 진실로 네게 이르오니 오늘 네가 나와 함께 낙원에 있으리라"(눅 23:43)[85]고 말씀하셨다. 낙원은 어떤 곳인가? '낙원($\pi\alpha\rho\acute{\alpha}\delta\epsilon\iota\sigma\circ\varsigma$)'은 구원받은 성도의 영혼이 장차 이 세상 마지막 날 신령한 몸으로 부활하여 천국에 들어가기 전까지, 그 영혼이 머무는 처소이다. 그곳은 육신은 죽지만 영혼이 가는 곳이다.

여기서 한 가지 더 사도 바울의 경우를 생각해 보자. 바울은 고린도 교회 성도들에게 자신이 경험한 셋째 하늘에 관한 간증을 전했다. "내가 이런 사람을 아노니 (그가 몸 안에 있었는지 몸 밖에 있었는지 나는 모르거니와 하나님은 아시느니라) 그가 낙원으로 이끌려 가서 말로 표

함께, 2021), 18쪽.
83. 같은 책, 19쪽 참조.
84. 이 말씀을 영혼의 불멸성이 아니라, 사탄의 능력과 하나님의 능력의 차이로 해석하는 학자들도 있다. 곧 우리가 두려워야 할 대상은 사탄이 아니라, 여호와 하나님이심을 말한다. 현대 신학자들 중에는 영혼이 육체와 더불어 죽고, '종말의 때에 하나님이 다시 살아나게 하신다'라고 주장한다.
85. 여기서 낙원(파라데이소스)을 예수님과 친교의 자리로 좁게 해석하는 학자들도 있다. 곧 용서와 축복에 참여하는 자리이다. 그러나 낙원은 그 이상의 의미를 내포하고 있다. 죽은 후에 영혼이 거하는 장소이다. 신약성경에 나오는 다른 말로 표현하면, 아브라함의 품에 있는 것(눅 16:23), 천국(딤후 4:18)을 말한다.

현할 수 없는 말을 들었으니 사람이 가히 이르지 못할 말이로다"(고후 12:3-4). 바울은 영혼이 육체와 분리되어서 낙원에 갔다 온 것이다. 이 경험이 하도 신비해서 가히 말로 설명할 수 없다고 고백했다. 이 같은 바울의 신앙 간증은 임사체험을 경험한 사람들의 주장과 상당히 유사하다고 할 수 있다.

신앙이 아닌 철학의 관점에서는 여전히 '영혼이 불멸한가? 아니면 소멸한가?'는 논쟁의 주제가 되고 있다. 곧 유물론 철학과 유심론 철학의 대립이라 할 수 있다. 필자는 이제 이 논의를 그만 접고, 세계 속에서 죽음이 주는 의미를 전개하려고 한다.

3. 인간 실존론적 구조와 죽음

1) 에노스(אנוש)와 죽음

인류 최초의 조상이라 할 수 있는 아담과 하와는 지금 우리의 세상과는 다른 세상에서 살았다. 성경은 이곳을 '에덴동산'이라 불렀다. 그런데 아담과 하와가 하나님과의 언약을 파기하자, 하나님은 에덴동산을 폐쇄하셨다. 그리고 아들을 또 다른 세상으로 추방하셨다. 그들은 영원한 세계에서 유한한 세계로 던져진 것이다. 아담은 이 세계에서 노동의 수고를 해야 했고, 하와는 해산의 수고를 감당해야 했다. 곧 그들은 고통과 죽음의 세계에 살게 된 것이다. 바울은 죽음이 아담의 죄로 인하여 세상에 들어왔다고 한다. "사망이 한 사람으로 말미암았으니"(고전 15:21), "한 사람으로 말미암아 죄가 세상에 들어오고 죄로 말미암아 사망이 들어왔나니"(롬 5:12)라고 말하고 있다. 곧 인류 죽음의 역사는 아담으로부터 시작되었다.

그러나 성경에 등장한 최초의 죽음은 아담의 죽음이 아니라 아벨의 죽음이다. 아담은 첫아들을 낳고 이름을 가인이라 불렀다. '가인(קין)'은 '획득하다', '얻다'라는 뜻이 있다. 아담은 아들을 낳고 "내가 여호와로 말미암아 득남하였다"(창 4:1)라고 감사했다. 곧 가인이라는 이름은 아담 부부의 하나님을 향한 믿음의 고백이 담겨있다. 그런데 아담이 가인의 아우를 낳고서는 아벨이라 불렀다. 아벨은 히브리어 '헤벨(הבל)'로 '덧없는 호흡', 혹은 '허무함'을 뜻한다. '헤벨'이라는 이름은 인생의 유한성과 죽음을 내포하고 있다. 왜 아담이 아들의 이름을 이렇게 지었는가? 논란이 될 수 있지만, 그의 이름처럼 아벨은 허무한 죽임을 당했다. 죽음을 처음으로 경험한 아담 부부가 얼마나 고통스러웠을까? 아마 엄청난 트라우마가 남았을 것이다. 그것도 형이 동생을 죽이는 살인 사건이었으니, 부모의 상처가 매우 컸을 것이다.

아담은 한 집안의 영적 가장이다. 그렇다면, 아담은 아들의 죽음을 통해서 가정을 다시 세우고 싶었을 것이다. 아들의 죽음을 통해서 아담 부부가 다시 믿음의 자리를 회복한 것이다. 즉 아벨의 죽음이 아담 부부의 삶을 새롭게 세우게 한 것이다. 그래서인지 아담 부부는 아들을 낳고, 그의 이름을 "셋"이라 불렀다. 셋은 히브리어 '쉐트(שת)'로 '기초를 놓다', '정리하다'라는 '쉬트(שית)'에서 유래한 이름이다. 기초를 놓는다는 것은 무엇을 의미하는가? 새롭게 집을 세워가는 것을 말한다. 곧 아담은 범죄한 가인의 혈통과 다른 새로운 믿음의 계보를 이뤄가기 위한 기반을 세운 것이다. 그래서 아들의 이름을 셋이라 불렀다. 나중에 셋의 가정을 통해서 인류의 중시조인 노아가 나오고, 궁극적으로 세상의 모든 죽음을 일소할 구원자 예수 그리스도가 탄생한 것이다.

그런데 아담의 아들 셋이 아들을 낳고, 그의 이름을 "에노스"라 불렀다(창 4:26). 에노스(אנוש)는 '사람', '남자'라는 뜻이다. 그런데 에노스는 '아나쉬(אנש)'에서 유래한 말로 '치료 불가능한 상태', 혹은 '죽을 밖에 없는 상태'를 말한다. 에노스는 사람이 죽을 수밖에 없는 존재라는 뜻을 담고 있다. 셋이 왜 아들 이름을 이같이 불렀을까? 아마 셋은 아버지 아담으로부터 형 아벨이 어떻게 죽었는지를 들었을 것이다. 아담은 가족 내에서 더는 비극적인 죽음이 없도록 셋에게 신신당부했을 것이다. 셋은 사람이 얼마나 허무하고 무력한 존재임을 깨달았다. 그래서 그는 아들에게 사람이 죽을 수밖에 없는 존재임을 알게 하고, 영원하신 하나님을 찾게 한 것이다. 곧 사람이 죽을 수밖에 없는 존재임을 알 때, 비로소 절대자를 찾게 된다. 그래서 성경은 "그때 사람들이 비로소 여호와의 이름을 불렀더라"(창 4:26)라고 기록하고 있다. 죽음이 곧 하나님을 부른 것이다. 아벨의 죽음은 죽음으로 끝난 것이 아니라, 셋으로 이어지고 셋은 사람이 에노스임을 알게 하고 비로소 사람들이 여호와의 이름을 부르게 되었다. 사람은 죽음의 기반 위에서 바른 삶을 살게 된다. 다시 말해서 사람이 죽을 수밖에 없는 에노스임을 깨달을 때, 비로소 살아 있는 생명의 소중함을 더욱 깊이 깨닫게 된다. 그래서 전도자는 "지혜자의 마음은 초상집에 있으되 우매한 자의 마음은 혼인집에 있느니라"(전 7:4)라고 말한다. 곧 사람은 죽음을 통해서 생명의 소중함을 다시 발견하게 된다.

성경은 아브라함의 죽음을 "아브라함의 향년이 백칠십오 세"(창 25:7)라고 기록하고 있다. 우리말로 "향년"이라 번역된 히브리어는 "에메(ימי) 쉐네(שני) 하예(חי)"이다. 직역하면 '살아 있는 년들의 날들'을 의미한다. 그래서 아브라함의 향년은 '아브라함이 산 생명의 년들의 날들(the days of the years of Abraham's life, KJV)'을 의미한다. 이것은 히브리인들이 년(year)보다는 하루하루의 날(day)들을 더 소중하게 여겼다는 말이다. 이 같은 표현에서 우리는 살아 있는 날들의 중요성을 발견할 수 있다. 아브라함의 죽음은 우리에게 하루하루 살아 있는 날들의 중요성을 전하고 있다.[86] 죽음은 우리에게 살아 있는 날들을 계수하게 한다. 역으로 생각하면 우리가 하루하루의 삶을 소중히 여기며 살 때, 그 죽음 또한 아름다워질 수 있다. 그래서 모세는 하나님께 "우리에게 우리 날 계수함을 가르치사 지혜로운 마음을 얻게 하소서"(시 90:12)라고 기도했다. 모세의 말처럼 하루하루를 계수하며 살아갈 때, 죽음이 더 가까이 왔음을 알게 된다. 그리고 남아있는 날들이 더욱 소중한 시간으로 여겨진다. 그러므로 그리스도인에게 삶과 죽음은 분리된 것이 아니다. 내가 오늘 하루를 살았다는 말은 하루 죽음 앞에 다가갔다는 말이다. 날을 계수하신 하나님 앞에 더 가까이 왔다는 말이다. 자신이 에노스임을 깨닫고, 하루하루 최선을 다하는 삶이 곧 아름다운 죽음을 준비하는 인생인 것이다.

2) 현존재(dasein)와 죽음

독일의 실존주의 철학자 마틴 하이데거(M. Heidegger)는 주요 저서인 『존재와 시간 Sein und Zeit』을 통해서 죽음에 직면하는 인간의 실존상황을 세밀하게 분석한다. 그는 세계 속에 존재하는 인간을 'Dasein(현존재)'으로 정의한다. 독일어 'Dasein'은 'da(거기, there)'라는 말과 'Sein(존재, being)'이 결합한 말이다. 하이데거는 인간을 '거기에

---

86. 이삭의 죽음도 마찬가지이다. 성경은 이삭의 죽음을 "이삭의 나이가 백팔십 세라"(창 35:28)고 알리고 있다. "이삭의 나이"라는 말을 히브리어대로 직역하면, '이삭의 날들'이다. 하루하루 살아 있는 날들이다. 곧 죽음을 통해서 살아 있는 날들의 중요성을 강조하고 있다.

존재함'으로 정의한다. '거기(da)'는 세계를 말하며, 인간은 '세계-내-존재(In der welt sein)'라는 것이다. 그런데 사람이 세계 속에서 어떻게 존재하는가? 이것을 하이데거는 인간의 실존분석이라고 말한다. 첫째로 그는 사람을 세계 속에 우연이 던져진 존재로 규정한다. 사람은 누구도 자기가 원해서 태어난 존재가 아니다. 자기 의지와 상관없이 우연히 세계 속에 던져진 존재이다. 그래서 그는 인간의 특성을 '피투성(被投性, geworfenheit)'으로 말한다. 던져진 존재로서의 인간은 세계 속에서 만나는 존재자들과 다양한 방식으로 관계한다.

하이데거는 이 같은 인간의 실존방식을 크게 세 가지로 규정한다. 첫째, 사람은 사물 세계와 마주하면서 살아간다. 인간의 사물들과의 관계 방식은 '유용성'이다. 사람은 주변의 사물들을 유용성을 목적으로 대우한다. 즉 사람과 사물의 관계는 도구적 존재 방식이다. 둘째, 타인과의 관계방식이다. 사람과 사람의 관계방식은 함께 살아가는 존재로서 '배려(Fürsorge)'이다. 배려는 인간의 존재 방식의 특성으로, 협력과 반목, 혹은 무시하거나 관심을 두는 삶의 일반적인 태도를 말한다. 우리가 타인을 진정으로 배려하며 살아갈 때, 인격적인 실존을 유지할 수 있다. 셋째, 사람은 자기 자신에 관심을 갖는 존재이다. 하이데거는 자신에 대하여 취하는 존재 방식을 '염려(Sorge)'라고 말한다. 사람은 끊임없이 자신을 염려하며 살아간다. 사람은 누구도 염려에서 벗어날 수 없다. 염려하는 존재는 그 마음에 '불안(Angst)'을 느끼게 된다. 하이데거는 사람이 불안을 느끼게 되는 그 근원이 무엇인가?를 탐색하게 된다.

불안은 공포와 달리 어떤 대상을 갖는 것이 아니다. 불안 의식의 근원은 알 수 없는 '무(Nichts)'이다. 그런데 하이데거는 이 무의 원인을 죽음에서 나오는 것으로 보았다. 죽음은 인간 유한성의 특성으로 결국 불안으로 표출된다. 불안을 통해서 비로소 인간은 죽음을 직면하게 된다. 하이데거는 인간이 죽음을 직면함으로써 비로소 '본래적인 자기'를 발견하게 된다고 한다. 그런데 사람은 세상 속에서 죽음을 회피하면서 '세속인(das Man)'으로 살아가려고 한다. 세속인은 반성적인 사고 능력이 없는 인간으로 욕망에 가치를 두고 사는 사람이다. 그러나 세속적인 삶 속에서 끊임없이 등장하는 죽음을 통해서 '본래적인 자기'를 발견하게 된다. 즉 인간이 '죽음에로의 존재(Sein zum Tode)'임을 깨닫게 된다. 사람이 죽음에로의 존재임을 깨달을 때 비로소 미래를 기획하게 된다.

사람이 죽음을 선구적 결단으로 삶으로 받아들임으로써 사람은 '기투(企投)적 존재(Entwurf)'가 된다. 곧 죽음은 삶을 기획하게 하고, 미래적 인간이 되게 한다. 하이데거는 죽음이 삶의 마지막 시간에 일어나는 것이 아니라, 삶 자체와 함께 진행된다고 주장한다. 우리의 삶 속의 도처에 죽음이 있다. 우리는 죽음과 더불어 살아간다. 하이데거는 죽음이 일상성 속에 매몰된 비본래적인 인간을 본래적인 인간으로 도약하는 것으로 보았다. 그러므로 죽음은 사람을 사람되게 하는 것이다. 하이데거의 죽음의 철학은 다름 아닌 사람이 에노스임을 깨닫는 것이다. 비록 하이데거는 죽음을 통해서 하나님을 찾지 않았지만, 그의 존재철학의 근저에는 절대자가 숨 쉬고 있다. 그의 철학에서 절대자는 존재자의 존재이다. 그래서 사람이 사람다워지기 위해서는 존재의 음성을 들어야 한다. 그 존재의 음성을 하이데거는 하나님이라 하지 않았지만, 필자는 초월자의 음성 곧 하나님의 음성이라 생각한다.

소크라테스는 내면의 소리를 '다이몬의 소리'라고 불렀다. 다이몬은 내면에서 들려오는 양심의 목소리이다. 소크라테스는 자주 다이몬의 목소리를 듣는다고 말했다. '다이몬의 소리'는 소크라테스의 죄목 가운데 하나이다. 아테네가 믿지 않는 다른 신을 믿고, 청년들에게 다이몬을 믿도록 강요했다는 죄목이다. 소크라테스는 독배를 마시고 호흡이 끊어지기 전에 "이보게 크리톤, 아스클레피오스에게 닭 한 마리 빚졌다네. 자네가 기억했다가 대신 갚아주게"라고 당부한다. 아스클레피오스(Asklepios)는 의학의 신이다. 오늘날 병원을 상징하는 뱀이 기어오르는 지팡이를 든 신이다. 당시 병이 나으면 신전에 가서 닭 한 마리를 감사의 제물로 바쳤다. 소크라테스도 죽음의 질병이 죽음을 통해서 치유되기 때문에, 닭 한 마리를 주라고 한 것이다. 독배를 마신 소크라테스는 비로소 '죽음의 병'에서 자유를 누리게 된 것이다. 죽음은 끝이 아니라 영혼이 본래 있던 자리로 귀환하는 것이다.

소크라테스는 철학자는 죽음을 연습해야 한다고 했다. '죽음의 연습'은 헬라어로 '멜레테 타나투(μελέτη θανάτου)'라고 한다. 곧 죽음을 수행하고 실천하는 것을 말한다. 소크라테스는 죽음을 연습하는 자만이 세상에서 덕을 실천하며 살 수 있다고 보았다. 곧 죽을 수밖에 없는 존재임을 아는 자만이 욕망의 자기중심적인 삶을 벗어날 수 있다. 이런 의미에서 우리는 매일 죽어야 한다. 사도 바울식으로 표현하면, "나는 날마다 죽노라"(고전 15:31)고 고백해야 한다. 그리스도인은 매일 죽음을 연습하고 훈련해야 한다. 내가 죽을 수밖에 없는 존재임을 알고 죽음을 훈련할 때, 비로소 영원한 생명을 얻을 수 있다. 그러므로 죽음의 연습은 철학자만이 아닌 우리 모두의 훈련이 되어야 한다.

4. 결론: 좋은 죽음을 꿈꾸며 –죽음에서 생명으로–

우리는 지금까지 죽음과 연관된 삶을 살펴보았다. 죽음은 우리가 피할 수 있는 것이 아니다. 죽음은 삶과 더불어 있음을 발견했다. 그러므로 우리는 죽음에 더 친해져야 한다. 내가 죽음과 친해질 때, 죽음은 나와 관계한 사람에게 '선물'이 될 수 있다. 곧 준비된 죽음만이 좋은 선물을 남길 수 있다. 예수님은 당신의 죽음을 준비하면서, 제자들에게 "내가 너희에게 실상을 말하노니 내가 떠나는 것이 너희에게 유익이라 내가 떠나가지 아니하면 보혜사가 너희에게 오시지 아니할 것이요 가면 내가 그를 너희에게 보내리니"(요 16:7)라고 말씀하셨다. 예수님은 당신이 죽어야 우리에게 유익하다고 하셨다. 곧 주님이 떠나가고, 보혜사 성령을 우리에게 주신다고 하셨다. 그러므로 예수님의 죽음은 무엇을 남기는가? 성령을 선물로 남기셨다. 주님께서 '성령을 보낸다'라는 말은 죽음이 사랑하는 사람들을 홀로 내버려 두는 것이 아니라, 살아 있을 때보다 더 깊고 새로운 결합으로 인도함을 말한다. 그러므로 죽음은 죽음으로 모든 것이 끝나는 것이 아니라, 아름답고 거룩한 영을 남기는 것이다. 영성 신학자 헨리 나우웬은 예수님이 죽음을 맞이하신 이 방식이 우리에게 희망적인 본보기가 된다고 했다.[87]

그렇다면 좋은 죽음은 무엇인가? 아름다운 영혼을 남기는 것이다. 삶이 떠난 그 자리에서 '온유와 자비의 영' 그리고 '사랑'을 느낄 수 있어야 한다. 좋은 죽음은 '용서와 치유의 영'으로 남아서 살아 있는 자들의 상처를 치유한다. 무엇보다 아름다운 죽음은 살아 있는 자들에게 '일치와 친교의 영'을 부어준다. 이것은 주님이 떠나가고 보혜사 성령을 보내주

---

87. 헨리 나우웬, 홍석현 옮김, 『죽음, 가장 큰 선물』(홍성사, 2021), 57쪽 참조.

신 것과 같다.[88] 우리는 훌륭한 부모의 죽음을 통해서 자녀들이 하나 되는 경우를 종종 목격할 수 있다. 곧 죽음은 살아 있는 자들을 새로운 관계방식으로 묶어 준다.[89] 이것이 죽은 자가 남기는 거룩한 선물이다. 죽음은 슬픔과 고통이 아니라, 아름다운 선물이 되어야 한다.

예수님은 죽음이 절망이 아니라, 희망과 소망임을 말씀하신다. "내가 진실로 진실로 너희에게 이르노니 한 알의 밀이 땅에 떨어져 죽지 아니하면 한 알 그대로 있고 죽으면 열매를 맺느니라"(요 12:24). 이 말씀은 예수님의 죽음이 지닌 신비를 말하며, 동시에 성령 안에서 살았던 모든 사람의 죽음이 지닌 신비를 말한다. 죽음은 삶에서 맺지 못한 열매들을 더욱 풍성하게 맺게 한다. 곧 아름다운 죽음은 시공간에 얽매이는 존재의 한계를 뛰어넘는 열매를 맺게 한다. 그러므로 우리가 죽음 앞에 던질 질문은 '내가 얼마나 이루었는가?'가 아니라, '죽은 후에 내 삶이 얼마나 좋은 열매를 맺고 있느냐?'에 달려 있다. 좋은 죽음만이 죽은 후에 아름다운 생명의 열매를 맺을 수 있다. 왜냐하면 죽음은 끝이 아니라, 또 다른 생명의 시작이기 때문이다.

---

88. 헨리 나우웬은 우리의 죽음도 남은 사람들에게 성령을 모셔올 수 있다고 한다. 성령 안에서 성령과 함께 살았던 모든 이들이 죽음을 통해서 성령을 보냄에 참여하는 것은 큰 신비이다(헨리 나우웬, 같은 책, 59쪽 참조). 이처럼 죽음은 아름다운 열매를 맺는 통로가 된다.
89. 헨리 나우웬, 『죽음, 가장 큰 선물』(홍성사, 2021), 16쪽.

Part V 복음과 마음 치유

I. 마음 알기

1) 마음이 무엇인가?

마음을 치유하기 위해서는 마음이 무엇인가를 알아야 한다. 그러나 마음은 무엇인가?라는 물음에 누구도 쉽게 답할 수 없다. 그래서 "열 길 물속은 알아도 한 길 사람 속은 모른다"라는 말도 있다. 그렇다면 사람의 마음은 정말 모르는 것인가? 잠언은 **"물에 비치면 얼굴이 서로 같은 것 같이 사람의 마음도 서로 비치느니라"**(잠 27:19)라고 말한다. 내 얼굴을 물에 비추면 알 수 있듯이, 마음도 서로에게 비친다는 뜻이다. 우리가 마음을 감추려고 해도 마음은 어떤 행태로든 자신을 드러낸다. 그래서 우리는 말로 하지 않으면 모를 것 같은 마음을 서로에게 비치며 산다.

특별히 마음은 '마음 씀(用心)'을 통해서 자기 존재를 나타낸다. 우리는 상대의 마음 씀을 통해서 상대를 알고, 내 마음 씀을 통해서 상대가 나를 안다. 그러므로 마음은 감춘다고 감출 수 있는 것이 아니다. 마음은 어떤 방식으로든 자신을 비춘다. 그러면 마음의 실체는 무엇인가? 불교는 마음의 실체가 없다고 말한다. 다시 말해서 마음은 존재하지만 실체적인 것이 아니라고 본다.

마음은 연기(緣起)의 관계 속에서 형성되고 자신을 비춘다는 것이다. 그래서 불교는 마음이 있기는 하지만, 내가 가지고 있지 않다고 말한다.[90] 이것을 불교적 용어로는 비아(非我)라고 한다. 대승불교의 유식학파는 오직 마음만이 존재하고 대상은 존재하지 않는다고 주장한다. 이것을 한마디로 유식무경(唯識無境)이라 말한다.[91]

그렇다면 기독교는 마음의 실체를 어떻게 말하는가? 그리스도교는 마음을 사람의 본질로 보고 있다. 즉 마음을 사람만이 가진 '존재론적 특성'으로 보고 있다.

"여호와 하나님이 땅의 흙으로 사람을 지으시고 생기를 그 코에 불어 넣으시니 사람이 생령이 되니라"(창 2:7).

여기서 **"생령"**이란 말은 히브리어로 '네페쉬(נפש) 하야(חיה)'를 말한다. 그런데 네페쉬 하야는 '사람'만이 아니라, '동물도 '네페쉬 하야'다. 그러면 동물과 사람의 본질적 차이는 무엇인가? 하나님은 동물에게는 직접 생기를 불어넣지 않았다. 오직 사람에게만 그 코에 생기를 불어넣었다. 하나님이 불어넣은 생기로 사람의 마음이 탄생한 것이다. 동물은 사람과 같이 발달한 마음을 지니고 있지 않다. 사람의 마음은 고차원적인 인식기능에서부터 감정과 의지의 저장소이다. 곧 마음은 지(知)·정(

---

90. 김명우, 『마음공부 첫걸음: 유식입문』(민족사, 2013), 6쪽 참조.
91. 같은 책, 7쪽 참조.

情)·의(意)의 중심이다.

첫째로 마음의 지적인 영역을 생각해보자. 우리는 어떤 일을 "마음에 담아둔다." 혹은 "마음에 새긴다"라는 말을 한다. 그리고 하나님도 "오늘 내가 네게 명하는 이 말씀을 너는 마음에 새기라"(신 6:6)고 말씀하신다. 마음은 기억과 생각의 저장고이다. 두 번째로 마음은 '감정의 영역'이 자리한 곳이다. 우리는 "마음이 슬프다", "마음이 기쁘다" 혹은 "그 사람을 생각하면 마음이 아프다"라는 말을 한다. 즉 마음은 감정의 발로(發露)가 되는 곳이다.

셋째, 마음은 의지적인 행위의 중심이다. 그래서 "나는 마음을 먹으면 반드시 한다" "마음 가는 대로 행동한다"라는 말을 한다. 즉 마음은 의지적 행위의 중심이다. 그러나 마음에 문제가 생기면 모든 의욕을 잃게 된다. 우리 마음에 문제가 생기면, 의기소침해지고 자유롭게 행동하지 못한다. 그러므로 무엇보다 '마음 관리'가 중요하다. 우리는 마음이 중요하다는 것을 알지만, 정작 마음 관리에는 소홀하다. 마음을 관리하지 않고 내버려 두면 마음에는 세상의 온갖 쓰레기들이 쌓이게 된다. 그래서 마음이 병들고 우리의 삶이 병들게 된다. 그렇다면 그 마음은 어디 있는가?

2) 마음의 위치

마음의 위치는 크게 두 가지로 나눌 수 있다. 전통적으로 마음은 '가슴(심장)'에 있다고 보았다. 그래서 '마음'을 헬라어로 '카르디아(καρδία)', 히브리어로 '레브(לב)', 그리고 한자어로는 '심(心)'이란 단어를 쓴다. 하나님이 사람의 중심을 보신다고 할 때, 그 중심도 '레브(심장)'를 쓰고 있다. 그렇다면 해부학적으로도 과연 마음이 심장에 있는가? 마음은 심장에 붙어 있지 않다.

그렇지만 심장은 우리 마음의 현상을 어떤 방식으로든 표현한다. 우리의 마음이 불안할 때 심장이 두근거린다든지 혹은 가슴이 아프다든지 말이다. 그렇다고 마음이 심장에 있는 것은 아니다. 그런데 사람들은 전통적으로 마음을 심장으로 표현해 왔다. 그 이유는 심장이 사람의 중심을 차지하고 있기 때문이다.

그러면 마음은 어디에 위치하고 있는가? 현대과학은 마음을 뇌의 산물로 보고 있다. 우리의 생각과 정서적 현상 그리고 우리의 의지적 행동 모두를 뇌의 작용으로 분석해 낸다. 뇌의 수많은 신경세포가 신체에 정보를 제공하고, 동시에 통제하는 역할을 한다. 그래서 뇌과학자들은 마음을 뇌세포의 작용 현상으로 설명한다. 다시 말해서 마음을 뇌 물질의 산물로 보고 있다. 그러면 뇌가 마음인가? 이 부분에 대해 과학자들은 분명하게 증명하지 못한다.

그렇다면 도대체 마음은 어디에 있는가? 필자는 마음이 우리 온몸에 있다고 생각한다. 마음은 사람의 손끝에 있고 발끝에도 있다. 내 손이 지쳐 있는 아내의 손을 살포시 잡아줄 때 그 손에 마음이 있다. 힘든 내 친구의 등을 툭툭 두드려줄 때 그 손에 내 마음이 있다. 발에도 마음이 있다. 예수님의 발끝은 늘 연약하고 도움이 필요한 자들에게 향하고 있다. 주님은 자신을 위해서 걷는 것이 아니라 남을 위해서 걸었다. 곧 주님의 발걸음에는 사랑과 구원의 마음이 있다. 그러면 우리의 발은 어떠한가? 우리의 발에도 마음이 있다. 비록 예수님의 걷기와 조금 다르긴 하지만, 내 발에도 마음이 있다.

마음을 뇌의 산물로만 주장하는 과학자들에 반론을 제시한 학자가 있다. 하버드 대학 의학과 교수인 '허버트 벤슨(H. Benson)'은 뇌 물리주의에 대응하여 마음과 신체에 관한 새로운 연구를 내놓았다. 그는 초월 명상을 하는 수행자들에 관한 과학적 연구를 통해서 마음이 뇌 작용을 변화시킴을 증명했다. 즉 마음 수련이라는 명상을 통해서 심박 수, 대사율, 혈압 등 물리적 신경작용의 변화를 설명했다.

달라이 라마는 2005년 12월 미국 '신경과학학회(Society of Neurosciences)' 연례 총회에서 '명상과 신경과학(The Neuroscience of Meditation)'에 관해 강연했다. 달라이 라마는 이 강연에서 명상이 뇌에 미치는 영향에 대해 발표했다. 그동안 과학자들은 뇌를 마음 작용의 주체로 보았지만, 역으로 달라이 라마는 명상이 뇌의 변화를 가져오고 사람에게 안정감을 준다고 발표했다. 필자도 이 주장에 상당 부분 동의한다. 오늘날 불교의 명상은 마음 치유의 주요한 수단이 되고 있다. 그래서 명상은 단순히 종교적 차원을 넘어서 병원, 기업, 학교 등에서 마음 수양으로 보편화되고 있다.

사실 마음 치유 부분에 있어서 기독교는 많은 부분을 놓치고 있다. 성경은 마음을 수없이 강조하고 있다. 그러나 정작 기독교는 '마음 관리', '마음 치유'에 관한 복음적 해석을 활발히 내놓지 못하고 있다. 그래서 '마음공부', 혹은 '마음 관리'라는 말이 불교적 고정 용어가 되고 있다고 해도 과언이 아니다. 이제 다음 질문으로 넘어가자. 왜 마음이 치유되어야 하는가?

2. 성경과 마음치유

1) 부패한 마음(카르디아:heart와 누스:mind)

선지자 예레미야는 "만물보다 거짓되고 심히 부패한 것은 마음"(렘 17:9)이라고 했다. 사도 바울도 "**하나님께서 그들을 상실한 마음대로 하여 내버려 두사**"(롬 1:28)라고 했다. 자, 그런데 우리는 여기서 성경이 말한 마음의 두 가지 용어를 발견할 수 있다. 선지자 예레미야가 말한 마음은 '레브(heart)'이다. 즉 심장을 말한다.

그러나 사도 바울이 말한 마음은 헬라어 '카르디아'가 아니라, '누스(voûs)'를 쓰고 있다. 이 '누스'를 영어 성경은 모두가 'mind'로 번역하고 있다. 'mind'는 사고의 영역으로써 '생각' 혹은 '정신'을 말한다. 그러므로 "상실한 마음"은 사람의 생각(정신)이 타락하고 병들었다는 말이다. 사도 바울은 '상실한 마음(생각)'을 "모든 불의, 추악, 탐욕, 악의가 가득한 자요 시기, 살인, 분쟁, 사기, 악독이 가득한 자요 수군수군하는 자요"(롬 1:29)라고 설명하고 있다.

사도 바울은 마음 치유를 생각의 치유로 연결하고 있다. 즉 마음 치유는 생각의 치유를 의미한다. 이에 관한 보다 구체적인 말씀을 로마서 12장 2절에서 볼 수 있다.

"너희는 이 세대를 본받지 말고 오직 마음을 새롭게 함으로 변화를 받아 하나님의 선하시고 기뻐하시고 온전하신 뜻이 무엇인지 분별하도록 하라"(롬 12:2).

하나님의 선하시고 기뻐하시고 온전하신 뜻을 알기 위해서는 어떻게 해야 하는가? **"오직 마음을 새롭게"** 해야 한다. 여기서 마음은 'heart(카르디아)'가 아니라, 'mind(누스)'이다. 그러므로 바울은 정신을 새롭게 해야만 하나님의 뜻을 알 수 있다고 말하고 있다. 그렇다면 여기서 정신은 무엇인가? '세상의 영'이 아닌 '하나님의 영'을 말한다. 곧 우리의 생각이 하나님의 생각으로 치유되어야 한다. 왜 우리의 생각이 치유되어야 하는가? 병들었기 때문이다.

오늘날 우리 생각의 상당 부분은 **'세상의 영(생각)'**에 의해 잠식되어 있다. 왜 그러한가? 우리 마음이 주로 세상에 노출되어 있기 때문이다. 우리는 과연 얼마나 하나님의 생각 속에서 살아가고 있는가? 겨우 '예배시간'이나 '개인 묵상 시간'이다. 그 외에는 거의 세상의 생각에 노출되어 살아간다. 그러므로 우리 생각의 대부분은 세상의 생각이라 해도 과언이 아니다.

세상은 우리에게 무엇을 가르치는가? 경쟁, 비교, 시기, 분쟁, 다툼, 성공 등을 가르친다. 늘 우리의 마음을 시달리게 한다. 그러므로 우리가 마음을 관리하지 않으면, 세상의 생각으로 가득 차 버린다. 세상의 생각을 다른 말로 하면, '세상의 영'이다. 세상의 영이 우리 생각을 지배하면 하나님의 생각을 알 수 없고, 오히려 병들게 한다. 바울의 표현으로 하면, 세상의 영은 내 지체 속에서 죄의 법이 되어 우리 마음을 시달리게 한다. 그래서 사도 바울이 "내 지체 속에서 한 다른 법이 내 마음의 법과 싸워 내 지체 속에 있는 죄의 법으로 나를 사로잡는 것을 보는도다"(롬 7:23)라고 말했다. 여기서 한 다른 법이 무엇인가? 곧 '세상의 영(생각)'이다.

우리의 마음은 세상의 생각과 하나님의 생각 사이에서 늘 시달리고 있다. 그런데 우리의 현실은 하나님의 생각보다는 세상의 생각이 더 강하게 영향을 미치고 있다. 이 같은 마음의 시달림을 바울은 "오호라 나는 곤고한 사람이로다 이 사망의 몸에서 누가 나를 건져내랴"(롬 7:24)고 탄식했다. 곧 병든 세상의 생각으로 하나님이 주신 선한 마음이 무너지고 있음을 탄식하는 말이다. 그래서 바울은 하나님의 생각으로 우리 마음을 치유해야 함을 강조했다.

그렇다면 우리의 마음과 생각이 원래 병들어 있었는가? 그렇지 않다. 하나님은 사람을 자신의 형상대로 지으셨다. 그러므로 처음 사람의 마음은 하나님의 성품을 닮았다. 그러나 사탄의 유혹에 의해서 선악과를 먹음으로써 하나님의 형상에 상처를 입게 되었다. 곧 '부패한 마음' 혹은 '상실의 마음'이 되었다. 사람의 마음이 얼마나 악하고 부패했는가는 창세기 6장을 보면 잘 알 수 있다.

"5 여호와께서 사람의 죄악이 세상에 가득함과 그의 마음으로 생각하는 모든 계획이 항상 악할 뿐임을 보시고 6 땅 위에 사람 지으셨음을 한탄하사 마음에 근심하시고"(창 6:5-6).

이 말씀은 노아가 살았던 시대를 말하고 있다. 그 당시 사람들이 마음으로 생각하는 모든 계획이 항상 악했다. 부패한 마음에서 어떻게 좋은 생각이 나오겠는가? 부패한 마음에서 선한 것이 나올 수는 없다. 하나님은 이런 사람들을 보시고 한탄하시며 근심하셨다.

그런데 성경은 이 같은 죄악된 인간을 "**혈육 있는 자**"로 표현하고 있다. "하나님이 보신즉 땅이 부패하였으니 이는 땅에서 모든 혈육 있는 자의 행위가 부패함이었더라"(창 6:12). 여기서 "혈육 있는 자"는 히브리어로 '바사르(בשר)'를 쓰고 있다. '바사르'는 '살', '고기', 혹은 '성기'를 의미한다. 그러므로 혈육 있는 자는 '고깃덩어리', '살덩어리 인간'을 말한다. 곧 '하나님의 생기'는 사라지고 본능과 욕망이 지배하는 '정욕적인 인간'을 말한다.

그런데 성경은 이 같은 모습들이 하나님의 사람에게도 보였다고 증거한다. 즉 "하나님의 아들들이 사람의 딸들의 아름다움을 보고 자기들이 좋아하는 모든 여자를 아내로 삼는지라"(창 6:2)고 기록했다. 이 모든 것은 부패한 마음이 가져다준 결과이다. 부패한 마음은 '도덕감의 상실'을 가져왔고, 자신이 죄를 범하고 있다는 것조차도 깨닫지 못하게 했다. 결국 하나님은 노아의 가족을 제외한 모든 인류를 심판하셨다.

그렇다면 부패한 마음의 치유는 불가능한 일인가? 솔직히 고백하자면 부패한 내 마음을 내 힘으로 치유하는 것은 불가능하다. 물론 훈련을 통해서 어느 정도는 다스릴 수 있을 것이다. 그러나 내 힘으로 근원적인 치유가 가능할까? 불교는 명상을 통해서 마음 치유가 가능하다고 주장한다. 물론 호흡과 명상을 통해서 내 안의 상처를 일부 다룰 수 있다. 그러나 마음의 온전한 치유는 내 힘으로 되는 것이 아니다.

그렇다면 어떻게 해야 하는가? 결론부터 말하면, **'말씀의 인도하심'**이다. 곧 '말씀을 통한 치유'이다. 하나님은 사람의 마음이 병들어 있어 관리하지 않으면 금방 타락할 수 있음을 알고 계셨다. 그래서 끊임없이 사람과 언약 관계를 맺으시면서 **'언약의 인도함'** 받기를 원하셨다. 언약은 무엇인가? '약속의 말씀'이다. 우리가 말씀의 인도함을 받을 때, 마음 관리는 되는 것이다.

2) 말씀의 인도하심과 마음 관리

하나님은 애굽에서 종살이하던 이스라엘 백성들을 약속의 땅으로 인도하셨다. 약속의 땅은 어떤 곳인가? 하나님이 우리를 위해서 준비하신 가나안이다. 그런데 하나님은 가나안 땅에 들어가기 전에 모세를 통해서 '마음 관리'를 어떻게 해야 하는가를 말씀하셨다. 하나님은 이스라엘 백성들이 가나안 땅에서 안정된 집이 생기고, 소와 양이 많아짐에 따라 마음이 변할 것을 염려하셨다. 그래서 모세를 통해서 "**네 마음이 교만하여 네 하나님 여호와를 잊어버릴까 염려하노라**"(신 8:14)고 하셨다.

마음이 교만해지면, 하나님의 자리에 내가 주인으로 자리하게 된다. 하나님이 주신 은혜를 내 능력으로 여기게 된다. 즉 마음이 교만해지면 생각이 달라진다. 하나님은 인간의 이 같은 마음의 변화를 알고 계셨다. 그래서 모세를 통해서 "**그러나 네가 마음에 이르기를 내 능력과 내 손의 힘으로 내가 이 재물을 얻었다 말할 것이라**"(신 8:17)고 말씀하셨다.
하나님께서 모세를 통해서 이렇게까지 말씀하신 이유가 무엇인가? 언약(말씀)으로 마음을 다스리라는 것이다. 만일 우리가 마음을 말씀으로 관리하지 않으면, 교만하게 되어 있다. 그래서 하나님은 선지자 모세에게 하나님의 언약을 강론하게 했고, 약속의 땅에 들어가서도 가장 먼저 말씀의 인도함을 훈련하게 했다.

요단강을 건너서 이스라엘 백성들이 했던 첫 번째 싸움은 '**여리고 성**' 정복 전쟁이다. 하나님은 여리고 성 전투에서 싸움의 기술을 가르치지 않고, 다만 '**마음의 훈련**'만 가르치셨다. 이것이 주는 교훈이 무엇인가? 약속의 땅에서 살기 위해서는 '마음의 관리'가 필요하다는 뜻이다. 그 마음의 관리는 '**말씀의 인도함을 받는 것**'이다.

하나님은 이스라엘 백성들이 언약궤를 바라보면서, 하루에 한 바퀴씩 여리고 성을 돌도록 명령하셨다. 한번 깊이 생각해 보자, 하루 이틀은 불평 없이 성을 돌 수 있다. 그러나 똑같은 일을 반복적으로 계속하는 일은 절대로 쉽지 않다. 아마 백성 중에는 우리가 지금 무엇을 하고 있지? 왜 싸움은 하지 않고 이렇게 돌고만 있지? 우리가 제대로 전쟁을 하고 있는가? 갖가지 마음의 생각들이 떠올랐을 것이다. 그러나 하나님은 한마디도 말하지 못하게 하셨다. 오로지 말씀의 언약궤만 보고 성을 돌게 하셨다. 이것이 무엇인가? 마음을 말씀으로 다스리라는 뜻이다.

결국, 말씀의 인도함을 받은 이스라엘 백성들은 피 흘리지 않고 여리고 성을 정복할 수 있었다. 여리고 성 전투는 '**마음의 승리**'이다. 마음이 세상의 소리에 동요되지 않고 말씀의 인도함을 받을 때, 하나님은 우리가 소망하는 것을 주셨다. 마음의 치유 곧 마음의 다스림은 말씀으로 가슴을 동여매는 데서 시작한다. 매일 조금씩 말씀 묵상을 통해서 말씀의 인도함을 받을 때 마음의 생각들이 치유되기 시작한다. 곧 마음의 치유는 말씀의 인도함을 받느냐 그렇지않느냐에 달려 있다.

3. 마음을 만지는 복음

1) 율법과 복음의 차이

율법과 복음이 모두 하나님의 말씀이지만, 그 차이는 무엇인가? 한마디로 말하면, '마음'에 있다. 율법은 '행위의 결과'를 중요시한다. 그러나 복음은 '행위의 동기' 곧 '마음'을 더 중요시한다. 가령, 율법이 말한 간음은 무엇인가? 행위의 결과다. 그러나 주님은 "음욕을 품고 여자를 보는 자마다 마음에 이미 간음하였느니라"(마 5:28)고 정의했다. 즉 복음은 마음을 본다. 살인죄도 마찬가지다. 물리적으로 누군가를 죽이지 않았어도, 형제에게 노하는 자, 형제에게 '라가'라 하는 자, 심지어 '미련한 놈'이라 하는 것도 살인한 것과 같다(마 5:22). 이런 면에서 복음은 율법보다 훨씬 '급진적(Radical)'이다.

왜 주님이 복음을 마음의 변화에 두셨는가? 이 변화 없이는 거듭남이 불가능하기 때문이다. 마음 밭이 경작되고 다루어질 때, 우리는 비로소 성화의 삶을 살 수 있다. 그래서 주님은 바리새인과 수없이 마음에 관한 논쟁을 하셨다. 한번은 바리새인과 서기관들이 예수님의 제자들이 손을 씻지 않고 음식을 먹는 것을 문제 삼았다. 곧 그들은 유대인의 정결 의식으로 문제를 삼았다. 예수님은 이사야의 말을 인용하면서 "이 백성이 입술로는 나를 공경하되 마음은 내게서 멀도다"(마 15:8)라고 응대하셨다. 그리고 입으로 들어가는 것이 더러운 것이 아니라, 입에서 나오는 것들 곧 마음에서 나오는 것이 사람을 더럽게 한다고 말씀하셨다(마 15:18). 그러면서 구체적으로 마음에서 나오는 것들을 다음과 같이 말씀하셨다.

"19 마음에서 나오는 것은 악한 생각과 살인과 간음과 음란과 도둑질과 거짓 증언과 비방이니 20 이런 것들이 사람을 더럽게 하는 것이요 씻지 않은 손으로 먹는 것은 사람을 더럽게 하지 못하느니라"(마 15:19-20).

예수님은 마음의 부패와 거짓됨을 지적하셨다. 관리되지 않은 마음에는 악함과 음란 그리고 거짓이 난무하다. 마음의 생각은 어떠한 방식으로든 밖으로 표출된다. 그러므로 행위에 앞서서 마음의 관리가 더 중요함을 말씀하신 것이다. 그래서 예수님은 마음의 치유를 중요시했다.

우리는 바리새인의 기도와 세리의 기도에서도 마음의 차이를 볼 수 있다. 바리새인의 기도는 행위에 초점을 두고 있다. 그는 자신이 토색과 불의 그리고 간음하는 자와 다르다고 기도했다. 그리고 일주일에 두 번씩 금식했고 소득의 십일조도 빼지 않고 드렸다고 기도했다. 바리새인의 기도는 '**율법의 기도**', 곧 '**행위의 기도**'이다. 반면에 세리는 어떻게 기도했는가? 세리의 기도는 '**마음의 기도**'이다. 세리는 감히 눈을 들어 하늘을 바라보지도 못하고 상한 심령으로 기도했다. 세리는 "다만 가슴을 치며 하나님이여 불쌍히 여기소서 나는 죄인이로소이다"(눅 18:13) 라고 기도했다. 예수님은 마음의 기도에 응답하셨다.

2) 예수님의 마음 치유

예수님의 사역은 '가르치시고', '전파하시고', '치유하신' 사역으로 나눌 수 있다. 그런데 예수님의 치유는 육신의 병만이 아니라, 마음 치유도 겸하셨다. 그래서 성경은 예수님의 치유 사역을 "백성 중의 모든 병과 모든 약한 것을 고치시니"(마 5:23)라고 기록했다. 여기서 '고치다'라는 말은 헬라어로 '테라퓨오(θεραπεύω)'이다. 테라퓨오는 '병을 고치다', '치유하다', '섬기다', '봉사하다'라는 뜻을 지니고 있다. 본래 이 단어는 신을 섬기는 제의적 의미를 지니고 있었다. 곧 치유는 신을 섬길 때 받는 선물과도 같다. 테라퓨오는 단순히 육체적 질병의 치유만이 아니라, '마음(영혼)의 치유'에도 사용된다. 주님은 육신의 질병과 동시에 마음의 죄도 치유하셨다.

　오늘날 정신과 의사들은 대부분 마음의 치유를 약물 사용으로 한다. 그러나 약물로 마음을 치유하는 데는 한계가 있다. 우리는 예수님의 마음 치유의 대표적인 사례를 수가성 우물가에서 만난 사마리아 여인에게서 찾을 수 있다. 그녀는 거듭된 이혼을 통한 마음의 상처가 있었다. 그는 정상적으로 사람을 만날 수 없었다. 그래서 아무도 오지 않는 정오에 야곱의 우물에서 물을 긷고 있었다. 예수님이 그녀의 마음을 치유하기 위해서 말을 걸기 시작하셨다. 그러나 주님이 "물을 좀 달라"(요 4:7)고 했을 때, 사마리아 여인은 몹시 당황했다.

　그 당시에 유대인 남자가 천대받은 사마리아 여인에게 말을 건다는 것은 있을 수 없는 일이었다. 그래서 그"당신은 유대인으로서 어찌하여 사마리아 여자인 나에게 물을 달라 하나이까"(요 4:9)라고 대답했다. 예수님은 대화를 통해서 그녀의 마음을 만지기 시작하셨다. 예수님은 그녀에게 "네가 만일 하나님의 선물과 또 네게 물 좀 달라 하는 이가 누구인 줄 알았더라면 네가 그에게 구하였을 것이요 그가 생수를 네게 주었으리라"(요 4;10)고 말씀하셨다.

　예수님의 다소 엉뚱한 말에 그녀는 호기심을 갖고, "이 우물이 깊은데 어디서 당신이 생수를 얻을 수 있습니까?"라고 물었다. 그녀의 관심은 물에 있었다. 그동안 물을 길으려 우물에 올 때마다 사람들의 눈을 피해야 했다. 그런 여인에게 주님은 야곱의 우물은 다시 목마르나, 내가 주는 물은 영원히 목마르지 않다고 말씀하셨다. 그리고 이 물은 그곳에서 영생하도록 솟아나는 샘물이라고 하셨다. 사마리아 여인에게 이 같은 생수는 이전에 결코 경험하지 못한 것이었다. 그래서 그녀는 "그런 물을 내게 주소서" 그래서 "여기에 물을 길으려 오지 않게 하소서"라고 간청했다.

마침내 예수님은 그녀의 상처에 구체적으로 다가가셨다. "가서 네 남편을 불러오라"였다. 예수님의 갑작스러운 질문에 그녀는 "나는 남편이 없나이다"라고 말했다. 그러자 주님은 "남편이 없다는 말이 옳다. 너에게는 남편이 다섯이 있었고 지금 있는 자도 네 남편이 아니니라"고 하셨다. 자신의 내면을 통찰하고 계시는 주님 앞에서 비로소 그녀는 하나님을 만나게 된다. 여자는 예수님을 만나고 물동이를 버려두고 동네로 들어가서 사람들을 만났다. 그녀에게 수치감은 이제 없어졌고 이혼이 더는 자신을 묶는 사슬이 되지 못했다. 그녀는 사람들에게 "와서 보라 이는 그리스도가 아니냐"라고 증거했다.

무엇이 그녀의 마음을 치유했는가? 곧 '복음'이다. 복음만이 우리 내면의 깊은 상처를 치유할 수 있다. 자, 그러면 복음을 통해서 우리 마음이 어떻게 치유되는가? 구체적인 방법을 알아보자.

4. 묵상과 마음치유

1) 복음 관상 기도

요즘 요가와 명상이 마음치유의 수단으로 널리 유행되고 있다. 불교의 명상은 삶의 고통에서 벗어나 참된 자아(眞我)를 찾는 데 있다. 그런데 참된 자아는 존재하지 않으며 모든 것이 서로 연결되어 있다는 '연기(緣起)'를 깨닫게 된다. 그래서 결국 무아(無我)를 발견함으로써 해탈의 경지에 이르는 데 있다. 이것이 바로 불교의 명상이 주는 종착지이다.

그러나 그리스도교의 묵상은 그 차원이 다르다. 그리스도교의 묵상은 기본적으로 '말씀 묵상(logos meditation)'이다. 시편 1편은 하나님의 말씀(율법)을 주야로 묵상하는 자를 복 있는 사람으로 보고 있다. 왜 묵상하는 자가 복 있는 사람인가? 말씀 묵상이 죄인의 길로 빠지는 것을 막아주며 열매 맺는 삶을 가져다주기 때문이다.

필자는 말씀 묵상이 마음 관리와 마음 치유의 중요한 통로라 생각한다. 그러면 묵상은 무엇인가? 묵상을 히브리어로 '하가(הגה)'라 한다. '하가'는 '신음하다', '슬퍼하다', '으르렁거리다', '묵상하다', '깊이 생각하다' 등 매우 폭넓게 사용되고 있다. 하가는 비둘기의 우는 소리나 먹이를 보고 으르렁거리는 사자의 소리에도 사용된다. 또한, 시편에서 절망 가운데서 하나님의 도우심을 구하는 마음의 탄식에도 하가가 사용된다. "여호와여 나의 말에 귀를 기울이사 나의 심정을 헤아려 주소서"(시 5:1). 그러나 대부분 하가는 율법(말씀)을 낮고 작은 소리로 읊조리면서 깊이 생각하는 것이다. 또는 말씀을 기억하고 그 말씀의 인도함을 받는 것이다.

그런데 말씀은 무엇인가? 말씀에는 하나님의 생각이 있다. 말씀은 성령이며 예수 그리스도이시다. 그러므로 말씀 묵상은 하나님의 생각과 예수 그리스도의 마음을 품는 것이다. 그러면 왜 말씀 묵상이 마음을 치유하는가? 마음의 시달림은 대부분 생각에서 온다. 마음과 생각은 분리되어 있지 않고 하나이다. 생각이 병들면 마음이 아프고, 마음이 아프면 생각이 건강하지 못하다. 불안한 생각이 마음을 힘들게 하고 미래에 대한 불안이 마음을 우울하게 한다.

필자는 이미 마음과 생각의 연관성을 창세기 6장과 바울을 통해서 설명했다. 그러므로 마음을 치유하기 위해서는 생각을 바꾸는 훈련을 해야 한다. 이 생각을 바꾸는 훈련이 말씀 묵상이다. 말씀 묵상은 하나님의 사고방식 훈련이다. 말씀을 되씹고 읊조리면서 하나님의 생각을 알고 성령의 음성을 들을 때, 우리는 성화의 삶을 살 수 있다. 그런데 여기서는 말씀 묵상을 '복음 관상기도'와 연관해서 설명하려고 한다. 가톨릭에서는 '묵상(meditation)'과 '관상(contemplation)'을 구분하여 사용한다. 가령 거룩한 독서(Lectio Divina)를 보면, 읽기(lectio)-묵상(meditatio)-기도(oratio)-관상(contemplatio) 등 네 단계로 구분한다. 여기서 '묵상'은 본문에서 자신의 마음에 와닿는 말씀을 소가 되새김질하듯이 계속 되뇌는 것이다. 그러면서 말씀을 붙잡고 기도하고 그 기도가 깊어지면서 하나님의 깊은 임재 안으로 들어가는 것이 '관상'이다. '관상 기도'는 더는 간구가 없고 하나님의 마음이 내 마음이 되는 것이다. 곧 순종이 기도가 되고, 기도가 순종이 되는 것이다. 예수님의 겟세마네 동산의 기도가 관상 기도의 한 형태라고 말할 수 있다.

그렇다면 이 기도가 마음 치유와 어떤 관계가 있는가? 말씀 묵상은 말씀이신 성령께서 내 마음에 임재하는 시간이다. 곧 성령이신 말씀이 우리 마음을 만지는 것이다. 필자가 특별히 권하는 마음 치유의 기도는 '복음 관상기도'이다. 복음 관상기도는 복음서 말씀 속에서 예수 그리스도를 만나고 그분 안에 머무는 기도이다. 만일 관상이라는 말이 익숙하지 않으면, '**복음 묵상기도**'라 해도 관계없다.

그런데 가톨릭교회에서는 묵상을 머리로 하는 '지성의 탐구'로 본다. 가령 복음서를 묵상할 때, 지성적인 추리를 이용해서 등장인물의 성격을 보거나 주변 상황을 인식하는 것이다. 반면에 신약성경에서의 관상은 예수 그리스도의 영광을 체험하는 것이다. 곧 그분 곁에서 머물며 그분의 마음을 느끼며 그분과 하나가 되는 것이다. 이 기도를 '로욜라의 성 이냐시오(sanctus Ignatius de Loyola, 1491-1556)'가 '복음 관상 기도'라 불렀다. 마음의 치유는 예수 그리스도를 바라보며 그분의 인격에 참여할 때 시작된다. 구체적인 예를 복음서에서 들자면, 누가복음 7장에 등장한 죄 많은 한 여인의 이야기이다. 한 번은 예수님이 한 바리새인 시몬의 집에 들어가셨다.

그런데 그때 동네의 죄 많은 여인이 예수님이 앉아 계시던 뒤편으로 들어왔다. 그녀는 예수님이 바리새인의 집에 계심을 듣고 용기를 내어 주님께 찾아왔다. 그녀의 손에는 향유 옥합이 있었고, 그녀의 가슴에는 세상의 상처가 가득했다. 그녀는 예수님과 마주하지 못하고 발 곁에 서서 한없이 울었다. 필자는 이 본문을 묵상하면서 복음관상기도를 한 후에 정리해서 「헤세-메트」 블로그'에 올린 적이 있다.

한 바리새인이 무슨 이유인지 예수님을 자기 집에 초대했습니다. 그동안 바리새인들은 예수님께 매우 적대적이었습니다. 그런데 '바리새인 시몬'은 예수님을 자기 집으로 초대해서 식사를 대접했습니다. 그가 진정으로 주님을 사랑해서 그랬을까요? 계속된 말씀을 보면 그의 마음은 그렇지 않았습니다.

그런데 예수님께서 비스듬히 앉아서 음식을 들고 계실 때, 한 여인이 예수님 뒤편으로 들어왔습니다. 그녀는 동네가 잘 알고 있는 죄인이었습니다. 사람들이 그녀를 보는 눈빛이 달랐습니다. 그녀는 한 손에 옥합을 들고 주님께 왔습니다. 그러나 그녀는 깊은 마음의 상처가 있는 듯 보였습니다. 그래서 그녀는 감히 주님 앞으로 나아가지 못했습니다. 예수님께서 앉아 계신 뒤편에 서서 눈물을 흘리고만 있었습니다. 그 모습을 성경은 다음과 같이 기록했습니다.

"예수의 뒤로 그 발 곁에 서서 울며 눈물로 그 발을 적시고 자기 머리털로 닦고 그 발에 입맞추고 향유를 부으니"(7:38).

저는 이 여인의 모습을 보면서 함께 울었습니다. 가슴이 아프고 아렸습니다. 그녀가 무슨 죄를 그토록 많이 지었는지 알 수는 없었습니다. 그러나 그녀의 죄가 도저히 용서받을 수 없음은 느껴졌습니다. 우는 그녀를 보면서 수군거리는 사람들도 있었습니다. 알고 보니 그녀는 동네 사람들 모두가 아는 부정한 여인이었습니다. 그래서 감히 예수님 앞으로 나아오지도 못했습니다.

단지 그녀가 할 수 있는 일은 예수님 발 곁에서 말없이 눈물을 흘릴 뿐이었습니다. 그녀의 눈물이 온통 예수님의 발을 적시자, 그녀는 무릎을 꿇고 머리털로 주님의 발을 닦았습니다. 그리고 예수님의 발에 입을 맞추고 손에 들고 있던 소중한 향유를 부었습니다. 그런데 이 광경을 전혀 다른 눈으로 보는 사람이 있었습니다. 그는 이 집의 주인 '바리새인 시몬'이었습니다. 그는 이 여인이 누구인지를 잘 알고 있었습니다. 그래서 마음으로 이런 생각들을 품었습니다.

"예수를 청한 바리새인이 그것을 보고 마음에 이르되 이 사람이 만일 선지자라면 자기를 만지는 이 여자가 누구며 어떠한 자 곧 죄인인 줄을 알았으리라 하거늘"(7:39).

바리새인 시몬은 '마음으로' 곧 '속으로' 여자와 예수님을 판단했습니다. "이 여자가 누구며 어떠한 자인가?" 다름 아닌 죄인 아닌가?라고 판단했습니다. 왜 그는 여인의 아픔에 공감하지 못했을까요? 바리새인 시몬은 죄인과 금을 긋고 살았습니다. 그는 만일 예수도 선지자나 율법을 아는 자라면, 자기처럼 그녀를 멀리해야 한다고 생각했습니다. 그러나 주님의 생각은 시몬의 생각과 달랐습니다. 주님은 그녀와 함께 슬퍼하고 계셨습니다. 주님은 시몬에게 할 말이 있다고 하면서 두 명의 빚진 자에 관한 말씀을 하셨습니다.

한 채권자에게 두 명의 채무자가 있는데, 한 사람은 오백 데나리온을, 다른 사람은 오십 데나리온을 빚졌습니다. 그런데 두 사람 모두 갚을 돈이 전혀 없었습니다. 곧 도저히 용서받을 수 없는 자들입니다. 그러나 채권자가 둘 모두 탕감해주었습니다. 다시 말해서 빚진 죄를 모두 용서해주었습니다. 그렇다고 한다면 누가 더 용서받은 자인가? 곧 누가 더 사랑받은 자인가? 물었습니다.

그때 시몬은 예수님께 "내 생각에는 많이 탕감함을 받은 자니이다"(7:43)라고 대답했습니다. 예수님은 "네 판단이 옳다"라고 하시면서 '이 죄 많은 여자를 보라' 하십니다. 곧 "이 여자를 보느냐?"(7:44)라고 물었습니다. "이 여자를 보느냐"라는 말은 '시몬아 왜 너는 이 여자를 보고도, 이 여자의 아픔을 공감하지 못하느냐?'라는 말씀입니다. 곧 예수님은 죄 많은 여인을 긍휼한 마음으로 보지 못하는 바리새인 시몬을 책망하셨습니다. 예수님은 시몬에게 공감하는 마음을 가르쳐주셨습니다.

예수님은 죄 많은 여인에게 "네 믿음이 너를 구원하였으니 평안히 가라"(7:50)고 하셨습니다. 예수님은 여인의 아픔에 함께하시면서 그녀의 마음을 치유하셨습니다. 이 여인이 왜 마음의 치유함을 받을 수 있었습니까? 주님을 만났기 때문입니다. 사실 그녀가 자기 집에서 바리새인 시몬의 집까지 오는 길은 '심리적으로 멀고도 먼 길'이었습니다. 그녀가 오는 길에 동네 사람들의 비웃음, 손가락질, 그리고 정죄의 목소리를 들어야 했을 것입니다. 아마 오던 길에 그만 돌아가고 싶은 생각도 들었을 것입니다. 아니면 항변하며 자신의 억울함을 외치고 싶었을 것입니다. 그녀는 만신창이가 된 상태로, 더는 용서받을 수 없다는 마음으로 주님께 왔습니다.

그래서 그녀는 예수님이 계신 정문으로 들어오지 못하고 뒷문으로 조용히 들어와 눈물을 흘렸습니다. 비록 뒷문으로 들어왔지만, 예수님을 만났기에 그녀의 마음의 죄들이 치유 받을 수 있었습니다. 우리는 마음의 기도를 주님께 올려야 합니다. 만일 우리가 바리새인 시몬처럼 말씀을 머리로만 알고 있다면, 죄 많은 여인의 눈물을 전혀 공감하지 못합니다. 머리로 알고 있던 말씀이 가슴을 적실 때, 비로소 우리는 우는 자와 함께 울 수 있습니다. 이제 머리로 알았던 주님을 가슴으로 다시 만나야 합니다. 주님을 마음으로 만날 때 서로의 마음의 상처가 치유될 수 있습니다. 그 통로가 복음서를 깊이 묵상하면서 주님과 마주하는 기도입니다.

이상에서 우리는 마음이 치유되는 한 여인의 모습을 보았다. 그녀의 마음이 치유되기 위해서는 예수님께 다가오는 힘든 여정이 있었다. 오늘의 우리가 예수님을 만나는 방법은 무엇인가? 복음서를 깊이 묵상하면서 주님과 마주하는 것이다. 우리 마음의 문제들은 주님과 마주할 때 빛 되신 그분께서 치유하여주신다. 그러므로 우리에게 요구되는 것은 말씀 속에서 주님을 만나는 '깊은 묵상의 기도'이다. 머리에 있는 말씀이 마음으로 내려와 예수님과 하나 될 때, 주님의 만지심으로 마음이 치유될 수 있다.

2) 마음 성찰 기도

우리는 마음 치유를 말씀 묵상과 복음 관상 기도를 통해서 살펴보았다. 이제는 '마음 성찰 기도'를 통한 마음 치유를 논하려 한다. 필자가 말하는 '마음 성찰 기도'는 예수회 수도회에서 한 '의식 성찰 기도(Conscience Exam Prayer)'를 활용한 것이다. 료욜라의 이냐시오는 말씀 묵상이나 관상은 빠뜨릴 수 있어도 '의식 성찰'은 반드시 해야 한다고 강조했다. 즉, 그는 의식 성찰이 수도자들의 거룩한 습관이 되기를 원했다. 의식 성찰은 개인의 삶 가운데서 매일 이루어지는 영을 분별하는 훈련이기도 하다. 곧 오늘 하루 동안 세상과 반응한 내 의식의 상태를 점검하는 것이다. 나는 하나님의 임재 안에서 반응했는가? 아니면 내 기질대로 반응했는가? 등을 살피는 것이다.

필자는 의식 성찰의 방식을 마음 성찰 기도로 활용해서 하루 동안 내 마음의 흐름을 성찰해 보았다. 마음을 성찰하기 위해서는 무엇보다 '성령의 조명'이 필요하다. 그러므로 기도자는 먼저 성령의 임재를 구하는 기도를 해야 한다. 성령은 내 안에 계신 '그리스도의 영'이다. 그리스도의 영의 조명 아래서 내 마음을 살피는 기도로 마음 성찰을 시작한다.

둘째, 오늘 하루 동안 하나님의 임재 안에서 있었던 '감사의 순간들'을 생각해 본다. 감사할 일들이 전혀 생각나지 않을 수 있다. 그것은 하루 동안 마음의 여유가 없었다는 것이다. 그럴 때는 그동안 당연한 것으로 여겼던 것들을 다시 생각해 본다. 아침 햇살, 오후의 푸른 하늘, 스치는 바람까지 하나님의 손길 안에서 다시 생각해 본다. 침묵하고 고요의 시간 속에 다시 하루를 되돌려 볼 때 하나님이 주신 감사의 선물들이 생각나기 시작한다. 그것을 기억하며 감사의 기도를 드린다.

셋째, 오늘 하루 동안 마음으로 느꼈던 감정들을 떠올려본다. 기쁨과 슬픔, 혹은 기다림, 지루함, 초조, 불안함, 수치, 동정 등의 감정을 떠올리며 그런 감정을 왜 갖게 되었는가를 살핀다. 우울했다면 왜, 무엇 때문에 그런 감정을 가지게 되었는가? 조용히 내 마음의 감정이 어떻게 흘러갔는가를 살핀다. 그리고 좋았던 느낌에는 감사하고, 부정적인 감정의 경우에 그 근원을 살피며 기도한다.

부정적인 감정들이 내 마음에 자리 잡지 못하도록 성령의 만지심을 구하며 기도한다. 내가 아파했던 그 시간에 내 안에 성령님도 함께 아파하셨음을 느끼며 기도한다. 사도 바울의 고백처럼 "오직 말할 수 없는 탄식으로 우리를 위하여 친히 간구하시는 성령"(롬 8:26)의 마음을 느끼며 기도한다.

넷째, 조용히 성령님의 만지심을 느끼면서 내일을 기대하는 기도를 올리며 마음 성찰 기도를 마무리한다.

마음 성찰 기도는 사람에 따라 차이가 있지만, 대략 10-15분 정도 하면 된다. 이처럼 마음 성찰 기도가 거룩한 습관이 되면, 우리는 내 마음을 더 잘 알 수 있다. 내 마음이 무엇에 의해 움직이며 무엇에 끌려가고 있는지를 알 수 있다. 특별히 감정의 흐름을 더 잘 알 수 있다.

5 결론: 묵상과 그리스도의 마음 담기

복음은 마음의 다스림에 있다. 복음은 율법이 다스리지 못하는 마음을 직접적으로 터치한다. 그 일을 위해서 말씀이신 주님께서 육신이 되셨다. 그분이 십자가에 죽으심으로 우리는 구원을 받았다. 그러나 우리의 마음은 온전히 치유되지 못했다. 곧 은혜로 의롭다 함을 받았지만, 여전히 우리 안에 '죄성(sinful nature)'이 있다. 그래서 사도 바울이 의인은 없나니 하나도 없다고 탄식했다. 이것은 '칭의(justification)'로 우리의 구원이 완성된 것이 아님을 말한다. 곧 마음이 치유되는 '성화(sanctification)'의 과정이 필요하다는 의미이다.

필자는 성화의 과정을 '마음의 경작'으로 생각한다. 주님은 우리의 마음 밭을 네 가지로 비유하여 말씀하셨다. 첫째, 길가와 같은 딱딱한 마음이다. 그 마음에는 말씀의 씨앗이 심어지지 않는다. 길가와 같은 마음 밭에 씨앗이 떨어지면 금방 원수가 와서 먹어버린다. 이 같은 마음은 늘 남을 판단하고 정죄한다. 그래서 이 마음은 강퍅하고 악하다. 둘째, 흙이 얕은 돌밭과 같은 마음이다. 이 밭에 씨앗이 떨어지면 금방 싹이 난다. 그러나 그 싹은 해가 돋으면 뿌리까지 타 버린다. 곧 환난과 박해가 닥치면 마음이 무너져 버린다. 셋째, 가시덤불과 같은 마음 밭이다. 주님은 이 마음 밭의 소유자를 **"세상의 염려와 재물의 유혹에 말씀이 막혀 결실하지 못하는 자"**(마 13:22)라고 말씀하신다. 이 말씀은 우리가 깊이 묵상해야 할 대목이다. 구원받은 우리의 마음 밭이 대부분 여기서 멈추어버린다. 우리의 마음은 옥토가 되어야 하는데 가시덤불의 마음에서 더 성숙하지 못할 때가 많다.

우리의 마음이 어디서 주로 시달리는가? **"세상의 염려"**이다. 세상의 염려는 다른 말로 **'생활의 염려'**이다. 우리는 생활의 염려로 우울증과 두려움에 빠지기도 한다. 생활의 염려를 벗어나기 위해서는 마음의 다스림이 필요하다. 예수님께서도 이 같은 우리의 마음을 아시고 계셨다. 그래서 목숨을 위하여 무엇을 먹을까? 무엇을 마실까? 무엇을 입을까? 염려하지 말라 하셨다. 그러면서 주님이 권하신 방법이 '**묵상**'이다.

주님은 공중의 새와 들에 백합화가 어떻게 자라는가 "생각하여 보라"(마 6:28)고 권했다. "생각하여 보라"는 동사는 헬라어 '카타만다노(καταμανθάνω)'이다. '카타만다노'는 '고찰하다(examin)', '숙고하다(consider)', '철저히 배우다(learn thoroughly)'라는 뜻이다. 주님은 새들과 들에 피어난 꽃들을 보면서 하나님이 어떻게 먹이고 입히시는가를 깊이 생각하길 권했다. 필자는 이것을 주님이 권하신 '자연 묵상'이라 부른다.

하나님께서 우리에게 주신 묵상은 '자연 묵상'과 '말씀 묵상'으로 나눌 수 있다. 자연 묵상의 대가는 다윗이다. 우리는 다윗의 시편을 통해서 그가 경험한 자연 속의 하나님이 어떤 분이신가를 알 수 있다. 그러나 우리에게는 다른 종교와 구별된 '특별계시'가 있다. 곧 하나님의 말씀이 기록된 '성경'이다.

특별히 예수 그리스도께서 자신을 계시하신 복음서는 마음 치유에 가장 중요한 통로이다. 우리는 복음서 묵상을 통해서 주님의 마음을 배우고 닮아가야 한다. 여기서 말하는 묵상은 단순히 머리로 하는 것이 아니다. 앞 절에서 언급한 주님과 마주하는 복음 관상 기도이다. 다른 말로 하면 머리로만 알던 말씀이 마음으로 내려오는 것이다. 로고스이신 주님께서 우리의 마음을 감싸 안을 때 마음의 상처는 온전히 치유된다.

돌아온 탕자의 상처 난 마음이 어떻게 치유되었는가? 아버지의 품에 안길 때이다. 이 대목을 성경은 어떻게 기록하고 있는가? "이에 일어나서 아버지께로 돌아가니라 아직도 거리가 먼데 **아버지가 그를 보고 측**

은히 여겨 달려가 목을 안고 입을 맞추니"(눅 15:20).

　아버지의 품을 떠난 둘째 아들은 몸과 마음이 만신창이가 되었다. 그러나 그는 망가진 몸과 마음을 가지고 아버지에게로 돌아왔다. 아버지는 매일 아들이 돌아오기만 기다리고 있었다. 멀리 지평선 너머에 나타난 모습을 보고 아들임을 직감했다. 그래서 아직도 거리가 먼데 달려가 아들을 안았다. 성경은 이 아버지의 마음을 **"측은히 여겨"**라고 기록했다. "측은히 여겨"는 헬라어 '스플랑크니조마이(σπλαγχνίζομαι)'라는 동사를 쓰고 있다. '스플랑크니조마이'는 '심장', '내장', 혹은 '창자'라는 뜻을 지닌 '스플랑크논'에서 나온 말이다. 그러므로 측은히 여기는 감정은 창자가 끊어지는 아픔에서 나온 것이다. 영어 성경은 하나같이 이 감정을 'Compassion(긍휼)'으로 번역하고 있다. '긍휼'이란 단어를 한자어로 보면 그 의미가 훨씬 깊이 다가온다. 긍휼(矜恤)에서 '불쌍히 여길 휼'을 보면, '마음 심(心)'에 '피 혈(血)'을 쓰고 있다. 그러므로 긍휼은 심장에 피가 흐르는 아픔이다. 이 같은 마음을 지니면 누구를 용서하지 못하겠는가? 긍휼은 상대의 아픔이 고스란히 내 아픔이 되는 것이다.

　선한 사마리아인이 강도 만난 사람을 보았을 때 바로 이 느낌이었다. **"그를 보고 불쌍히 여겨"**(눅 10:33) 가던 길을 중단하고 그를 돌보아주었다. 이것이 바로 '그리스도 예수의 마음'이며, 주님의 감정이다. 마음의 상처는 주님의 마음이 내게 임할 때 치유된다. 우리는 깊은 마음의 묵상을 통해서 주님의 마음을 닮아가야 한다. 그것의 통로가 바로 '말씀 묵상(logos-meditation)'이다. 복음서 묵상은 내 마음에 주님의 마음을 담는 것이다. 곧 주님의 마음과 내 마음이 하나가 되는 것이다.

　그렇다면 말씀 치유의 방법은 확실해졌다. 곧 구원받은 우리, 의롭다

함을 얻은 우리가 무엇보다 열심을 가져야 할 것이 '말씀 묵상'이다. 매일 말씀 묵상을 통해서 말씀의 인도함을 받아야 한다. 말씀의 인도함을 받을 때 마음이 치유되어 성화의 삶을 살아갈 수 있다.

Part VI 그리스도교 영성이란 무엇인가?
영성의 철학적 신학적 의미

1. 지성에서 영성으로

근대의 시작은 '사유하는 자아'에서 출발한다. 프랑스 철학자 데카르트는 '방법적 회의'를 통해서 사유하는 자아에 도달한다. 그는 먼저 우리가 지각하는 '감각적 확실성'을 의심한다. 내가 지각하고 있는 것이 참인가? 그것을 어떻게 증명할 수 있는가를 의심한다. 심지어 그는 보편적 진리라 할 수 있는 '수학적 진리'까지 의심한다. 그러나 의심할 수 없는 것이 있다. 그것은 내가 의심하고 있다는 그 자체이다. 곧 '사유하는 나'이다. 그러므로 사유하는 나만큼은 결코 의심할 수 없다. 그래서 데카르트는 "나는 생각한다 고로 나는 존재한다(cogito ergo sum)"라는 명제를 철학의 제일 원리로 삼는다. 근대의 합리주의는 데카르트의 사유하는 이성에서 출발한다. 이성이 주는 합리성만이 진리이고 참이다.

인간은 이성적 존재이다. 인간 이성에 의해 보편성의 원리가 세워지고 이것이 사회의 규범이 되었다. 신앙에 있어서도 맹목적인 믿음보다 합리적 신앙이 강조되기 시작했다. 과학적 합리성이 신앙에 잘못 적용되면 '도마(Thomas)의 믿음'이 된다. 예수님의 제자 도마는 부활하신 예수 그리스도의 신비한 몸을 믿지 못했다. 그래서 그는 손에 난 못 자국과 허리의 창 자국을 만져보길 원했다. 그런 도마에게 주님은 "네 손가락을 이리 내밀어 내 손을 보고 네 손을 내밀어 내 옆구리에 넣어 보라"(요 20:27)고 말씀하셨다. 그리고 주님은 "너는 나를 본 고로 믿느냐 보지 못하고 믿는 자들이 복되도다"(요 20:29)라고 하셨다.

도마는 검증 가능한 믿음을 추구했다. 그러므로 도마의 신앙은 과학적이고 합리적 믿음이다. 그러나 주님은 도마를 향해 "믿음이 없는 자가 되지 말고 믿는 자가 되라"(요 20:27)고 하셨다. 주님의 이 말씀은 무슨 뜻인가? 도마의 '이성의 한계' 내에서의 믿음을 지적한 것이다. 도마는 자기 경험과 지식 안에서만 믿음을 가졌다. 그리스도교는 부활의 신비가 있는 종교다. 우리는 부활을 직접 경험하지 않고도 믿을 수 있다. 왜 믿을 수 있는가? 하나님이 주신 **'영성'**이 있기 때문이다. 하나님은 인간에게만 영성을 주셨다. 그렇다면 그 영성은 무엇인가? 하나님은 사람을 다음과 같이 창조하셨다.

"여호와 하나님이 땅의 흙으로 사람을 지으시고 생기를 그 코에 불어넣으시니 사람이 생령이 되니라"(창 2:7).

하나님께서는 사람을 '땅의 흙(이파르)'로 지으셨다. 그리고 생기를 불어넣어서 생령이 되게 하셨다. "생기"는 히브리어로 '니쉬마트(נשמת) 하임(חיים)'이다. '니쉬마트 하임'은 생명의 호흡과 숨 그리고 기운 등을 의미한다. 그래서 흙먼지로 이루어진 사람이 "네페쉬(נפש) 하야(היה)"가 된 것이다. '네페쉬 하야'를 개역 개정성경은 "생령"으로 번역하고 있는데, KJV 성경은 'a living soul'로 번역하고 있다. 그런데 창세기를 보면, 네페쉬 하야를 '사람'만이 아니라, '동물'에도 사용하고 있다.

그렇다면 하나님이 사람과 동물의 차이가 없이 창조하셨는가? 그렇지 않다. 성경은 사람을 창조할 때만 하나님이 그 코에 생기를 불어넣었다고 기록했다. 이것이 동물과 사람의 본질적인 차이다. 이것을 더욱 구체적으로 말하면 "하나님이 자기 형상 곧 하나님의 형상대로 사람을 창조하셨다"(창 1:27). 이것은 사람과 동물의 존재론적 차이다. 사람과 동물은 인식론적이고 존재론적 차이가 있다. 그 차이가 무엇인가? 하나님의 생기와 하나님의 형상이다.

필자는 여기서 인간 이성의 기원을 찾는다. 데카르트는 사유하는 자아 곧 이성을 '생득관념'으로 주어진 것이라고 보았다. 인간과 동물의 본질적 차이인 이성의 기원은 과학적으로 설명할 수는 없다. 그러나 인간은 동물과 구별되는 '사유 능력'이 있다. 이성의 사유 능력은 동물이 느끼는 감정과 차원을 달리한다. 인간 이성은 현상을 초월한 형이상학적 실재가 무엇인가를 탐구한다. 가령, 신은 존재하는가? 우주의 기원은 어디인가? 물질의 구성은 무엇인가? 등 인간 이성은 형이상학적인 물음들을 제기한다. 그렇다면 어떻게 인간에는 이러한 형이상학적 사유 능력이 생겨났는가?

필자는 하나님께서 흙으로 사람을 지으실 때 불어넣은 "생기"라고 생각한다. 하나님의 생기가 사람에게 투영됨으로 우리는 하나님을 인식할 수 있게 되었다. 원래 하나님이 아담에게 불어넣어 주신 생기는 '순수한 정신'이다. 그러나 아담의 순수한 정신이 사탄의 유혹에 빠져 선악과를 먹음으로써 손상당했다. 곧 하나님의 형상으로서의 인간 존재가 위협을 받게 된 것이다.

필자는 하나님이 우리에게 불어넣어 주신 원정신의 회복을 영성이라 생각한다. 그러므로 '영성(spirituality)'은 '영(spirit)'과는 같으면서도 다르다. 모든 사람은 영적인 존재이다. 우리가 각 사람을 대할 때 그 사람에게 느껴지는 영이 있다. 영이 악한 사람이 있고, 영이 유하고 따뜻한 사람이 있다. 그러므로 영은 각 사람의 존재를 규정한다. 그러나 영성은 다르다. 모든 사람이 영성이 있는 것은 아니다. 그럼, 영성의 개념은 무엇인가?

필자는 산드라 쉬나이더스(S. Schneiders)가 정의한 영성의 개념을 통해서 접근해 보려고 한다. 쉬나이더스는 영성을 "사람이 인지하고 있는 궁극적인 가치를 향하여 자신을 초월하여 자신의 삶을 통합하려 할 때의 경험(the experience of conscious involvement in the project of life-integration through self-transcendence toward the ultimate value one perceives)"[92]으로 정의하고 있다.

필자가 보기에 슈나이더는 영성을 '두 단계'로 설명하고 있다. 첫째, 영성은 자기 초월을 통해서 사람이 지각하는 궁극적인 가치를 향한다. 여기서 궁극적인 가치는 근원적인 영으로 '순수의식'으로 여겨진다. 순수의식은 세상의 때가 묻지 않은 거룩한 영이다. 이 거룩한 영은 하나님이 사람을 지으실 때 불어넣어 주신 생기다. 그러므로 영성은 자기 초월성을 통해서 하나님이 주신 근원 정신으로의 귀환이다. 이것을 철학적으로 말하면 '현상학적 환원(phänomenologische Reduktion)'이라 부

---

92. 유해룡, 『하나님 체험과 영성수련』(장로회신학대학교출판부, 2007), 17쪽 재인용.

를 수 있다. 또 다른 말로 '초월론적 자아로의 환원'이다. 곧 내 생각을 있게 하는 '근원적 생각'으로의 환원이다.

둘째, 영성은 자기 초월을 통해서 순수의식에 도달해서, 그 순수의식으로 일상의 삶을 살아가는 것이다. 이것을 쉽게 그리스도교적인 용어로 설명하면, 자기 부인을 통해서 내주하신 '보혜사 성령'을 만나고, 성령과 교제하며 동행하는 것이다. 예수 그리스도가 부활 승천하시면서 보혜사 성령을 보내주셨다. 예수님은 보혜사 성령을 진리의 영으로 우리에게 보내주셨다. 성령은 우리를 모든 진리 가운데로 인도하며 세상에서 얻을 수 없는 평안을 주신다. 그러므로 우리는 언제 어디서나 성령의 인도함을 받아야 한다. 성령의 인도함이 곧 영성의 삶이다. 그런데 우리가 영성 있는 삶을 살기 위해서는 무엇보다 먼저, 우리 몸에 관한 존재론적 인식이 필요하다.

2. 영성과 몸의 존재론적 인식

사도 바울은 사람의 '몸(body)'을 영(spirit), 혼(soul), 육(flesh)으로 구분하고 있다. 그런데 영, 혼, 육이 따로 존재하는 것이 아니라, 몸을 통해서 긴밀한 연결 관계를 하고 있다. 흔히 영과 혼을 묶어서 '영혼'이라 말하기도 한다. 그래서 우리가 '심신 이원론' 혹은 '심신 일원론'을 주장할 때는 영혼과 육체의 관계를 말한다. 여기서 영혼은 '정신'을, 육체는 '물질'을 지칭한다.

심신 이원론자들은 정신과 물질은 '독립적인 실체'라고 주장한다. 반면에 심신 일원론자들은 물질을 정신의 산물로 보거나, 아니면 정신을 물질의 산물로 본다. 그리스도교는 정신과 육체를 철저히 분리하는 이원론은 아니다. 인식론적으로는 서로 대립적인 관계를 하고 있지만, 몸을 통한 존재론적으로는 하나다. 사도 바울은 몸의 존재론적 인식을 통해서 영성 관리를 어떻게 해야 하는가를 가르쳐주고 있다. 그래서 필자는 바울이 말한 몸의 구조를 분석하고 영성의 삶이 무엇인가를 논하려 한다. 그럼, 먼저 육신의 특성을 살펴보자

1) 육신에 속한 자(사르키코스)

사도 바울은 "육신을 따르는 자는 육신의 일을, 영을 따르는 자는 영의 일을 생각하나니"(롬 8:5)라고 말한다. 여기서 '육신(flesh)'은 '살'을 의미하며, 헬라어로 '사르크스(σάρξ)'이다. 살은 사람의 몸을 지탱하는 토대이다. 살이 없이는 사람이 살 수 없다. 살은 외부 대상과 가장 직접적으로 만나는 통로이다. 그래서 철학은 살을 원초적 지각의 출발로 본다. 곧 살은 이성적인 사유가 있기 전에 먼저 반응한다.

우리의 이성은 감정을 위장하거나 숨길 수 있다. 그러나 살은 본능적이며 직접적이어서 속이지 못한다. 사랑하는 사람이 곁에 있을 때 살이 먼저 반응한다. 그러나 싫어하는 사람이 곁에 오면 살이 움츠려진다. 이처럼 살은 본능적이며 자기 감각을 숨기지 못한다. '에로스적 충동'은 일차적으로 살에서 반응한다. 그래서 살은 정신을 무기력하게 하고 자기 욕망을 추구하게 만든다.

헬라어 '사르크스(σάρξ)'와 같은 말이 히브리어로 '바사르(בשר)'이다. 구약성경은 '바사르적 인간'을 매우 위험하게 기록했다. 하나님이 왜

홍수로 사람을 심판하셨는가? 사람이 영을 상실하고 육적 존재가 되었기 때문이다. 하나님께서 "나의 영이 영원히 사람과 함께 하지 아니하리니 이는 그들이 육신이 됨이라"(창 6:3)라고 하셨다. 여기서 "육신"이 히브리어 '바사르'이다. 육신에 속한 자는 충동적이고 본능적인 인간이다. 그래서 그의 마음으로 생각하는 모든 계획이 항상 악하다(창 6:5). 곧 하나님이 보시기에 "땅에서 모든 혈육 있는 자의 행위가 부패하였다"(창 6:12). 여기서 "혈육 있는 자"가 히브리어 '바사르'이다. "혈육 있는 자"란 사람이 고깃덩어리가 되었다는 말이다. 결국, 하나님은 영을 상실한 살덩어리의 인간을 물로 심판하신 것이다. 그러나 그것으로 끝난 것이 아니다. 하나님은 물 심판을 통해서 인류를 새롭게 하셨다. 그리고 아브라함을 믿음의 조상으로 세우시면서 할례를 명하셨다. 할례는 무엇인가? 살에 새긴 언약이다.

"13 너희 집에서 난 자든지 너희 돈으로 산 자든지 할례를 받아야 하리니 이에 내 언약이 너희 살에 있어 영원한 언약이 되려니와 14 할례를 받지 아니한 남자 곧 그 포피를 베지 아니한 자는 백성 중에서 끊어지리니 그가 내 언약을 배반하였음이니라"(창 17:13-4).

하나님이 왜 살에 언약을 새겼는가? 살은 욕망이 숨 쉬고 있는 곳이다. 특히 '남성의 성기'는 욕망의 중심이다. 하나님은 욕망의 껍질을 벗겨내고 말씀의 언약을 새기게 하셨다. 곧 살의 언약은 더는 욕망의 이끌림대로 사는 것이 아니라, 말씀의 인도함을 받으려 하는 맹세이다. 그러므로 살의 언약은 인간을 구원하려는 하나님의 은혜이다. 내 본능과 욕망이 꿈틀거릴 때, 우리는 살에 새긴 언약을 기억해야 한다. 그리고 말씀의 인도함을 받아야 한다. 왜 그래야 하는가? 육신의 생각은 사망이요,

영의 생각은 생명과 평안이기 때문이다(롬 8:6).

그러면 신약의 교회는 어떠한가? 사도 바울은 고린도 교인들을 향하여 **"너희는 아직도 육신에 속한 자로다"**(고전 3:3)라고 책망한다. 육신에 속한 자는 '사르키코스(σαρκικός)'이다. 이들은 누구인가? 예수 그리스도를 구주로 믿는 자들이다. 또한, 그들은 신령한 은사도 받았다. 그러나 여전히 성령의 인도함을 받지 못하는 옛 습성을 벗어나지 못하고 있었다. 그래서 바울은 "형제들아 내가 신령한 자들을 대함과 같이 너희에게 말할 수 없어서 **육신에 속한 자** 곧 그리스도 안에서 어린아이들을 대함과 같이 하노라"(고전 3:1)라고 말한다. 로마서를 보면, 바울은 육신에 있는 자들은 하나님을 기쁘시게 할 수 없으며(롬 8:8), 육신의 생각은 하나님과 원수가 된다고까지 말한다(롬 8:7).

오늘날 교회에도 옛 습성을 버리지 못하는 성도들이 많다. 예수 그리스도를 구주로 믿는다고 하지만, 여전히 육신의 생각대로 살아간다. 그래서 바울은 "너희가 육신대로 살면 반드시 죽을 것이로되 영으로써 몸의 행실을 죽이면 살리니 무릇 하나님의 영으로 인도함을 받은 사람은 곧 하나님의 아들이라"(롬 8:13-4)고 말한다. 여기서 하나님 영의 인도함을 받는 것이 바로 **'영성 있는 삶'**이다. 우리가 영성 있는 삶을 살기 위해서는 육신의 생각과 늘 싸워야 한다.

그런데 육신의 생각은 자신을 위장하여 광명한 천사의 탈을 쓰고 자주 등장한다. 그럴싸한 명분을 내세우며 영의 생각을 누르고 육신의 생각을 따르도록 한다. 그러므로 우리는 **'세상(사탄)이 주는 생각들'**을 잘 식별해야 한다. 이 생각이 성령이 주신 생각인지 사탄이 주는 생각인지를 분별하여 행동해야 한다. 그러나 육신에 속한 자는 영적인 분별력이 없다. 그다음으로 혼에 속한 자의 삶을 살펴보자.

2) 혼에 속한 자(프쉬키코스)

그리스도인과 세상 사람의 차이는 무엇인가? 그리스도인에게는 '**그리스도의 영**'이 있고, 세상 사람들에게는 '**세상의 영**'이 있다. 사도 바울은 "누구든지 그리스도의 영이 없으면 그리스도의 사람이 아니다"(롬 8:9)라고 말한다. 그러면 세상의 영은 무엇인가? 사도 요한은 사탄을 "이 세상의 임금"(요 16:11)이라고 말한다. 또한 사도 바울은 세상을 "공중의 권세 잡은 자"(엡 2:2)가 다스리고 있다고 말한다. 그러므로 세상의 영은 사탄의 영이다.

> "우리가 **세상의 영**을 받지 아니하고 오직 **하나님으로부터 온 영**을 받았으니 이는 우리로 하여금 하나님께서 우리에게 은혜로 주신 것들을 알게 하려 하심이라"(고전 2:12).

그리스도인은 세상의 영이 아닌 하나님으로부터 온 영을 받았다. 우리가 특별히 잘해서 하나님의 영을 받았는가? 그렇지 않다. 오직 은혜로 하나님의 영을 받았다. 그러므로 그리스도인은 이 세상 사람이면서 동시에 이 세상에 속한 자가 아니다. 그래서 예수님도 제자들에게 "너희는 세상에 속한 자가 아니요 도리어 내가 너희를 세상에서 택하였기 때문에 세상이 너희를 미워하느니라"(요 15:19)고 하셨다. 그러면 이 말씀은 구체적으로 무슨 뜻인가? 그리스도의 영과 세상의 영은 다르다. 그러므로 그리스도인은 이 세상에 사는 동안 고난과 핍박을 겪게 된다. 이 세상에서 하나님의 뜻대로 사는 데는 반드시 고난이 따른다.

자, 그럼 '혼에 속한 자'는 어떤 사람인가? 그런데 우리 개역 개정 성경은 '혼에 속한 자'를 **"육에 속한 사람"**(고전 2:14)으로 번역하고 있다. 이것은 완전한 오역이다.

"육에 속한 사람은 하나님의 성령의 일들을 받지 아니하나니 이는 그것들이 그에게는 어리석게 보임이요 또 그는 그것들을 알 수도 없나니 그러한 일은 영적으로 분별되기 때문이라"(2:14).

여기 "육에 속한 사람"은 헬라어로 '프쉬키코스(ψυχικός)'를 쓰고 있다. '프쉬키코스'는 '혼(soul)'이란 뜻을 지닌 '프쉬케(ψύχη)'에서 나온 말이다. 그러므로 정확하게 번역하면 '혼에 속한 사람'을 뜻한다. 그런데 왜 바울은 혼에 속한 사람도 하나님의 영을 받지 않았다고 말하는가? 그렇다면 여기서 프쉬케(영혼)는 무슨 뜻인가? 필자는 바울의 영혼론에 관한 이해를 돕기 위해 간략하게 당시 그리스 철학을 대표하는 플라톤(Platon)과 그의 제자 아리스토텔레스(Aristotle)의 영혼론을 살펴보려 한다.

플라톤은 영혼이 본래 이데아의 세계에 있었다고 한다. 그 영혼이 육신과 결합함으로 세 가지 특성을 가지게 되었다. 곧 '이성(λογιστικόν)', '기개(θυμοειδές)', 그리고 '욕망(ἐπιθυμητικόν)'이다. 이성은 진리에 관한 사랑을, 기개는 화나 노여움과 같은 심리적 행위를, 그리고 욕망은 욕심과 육체적 욕망과 같은 것을 말한다. 그러므로 이성에는 지혜의 덕이, 기개에는 용기의 덕이, 그리고 욕망에는 절제의 덕이 필요하다. 세 가지 덕이 제 기능을 발휘할 때 비로소 국가에는 정의의 덕이 실현된다. 그러나 플라톤은 영혼이 육체의 속박에서 벗어날 때 비로소 참된 이데아를 인식할 수 있다고 주장한다. 곧 플라톤은 비록 육체가 소멸할지라도 영혼은 불멸한다고 주장한다.

반면에 아리스토텔레스는 영혼은 형상으로 육체와 분리될 수 없다고 주장한다. 아리스토텔레스는 영혼을 보다 광의적 개념으로 사용한다. 곧 영혼은 모든 생명체의 근본 원리이다. 그래서 '식물'에도 영혼이 있다는 것이다. 여기서 영혼은 식물의 성장과 발육을 담당한다. 가령, 식물의 광합성 작용과 지각 활동 등은 모두가 영혼이 그 기능을 담당한다. 그러면 '동물'의 영혼은 그 역할이 무엇인가? 동물은 사람과 유사한 감정을 지니고 있다. 그런데 동물의 감정은 본능에 충실한 감정이다. 동물도 기뻐하고 슬퍼한다. 심지어 동물에는 식물의 영혼에는 없는 **'연상적 기억'**도 있다. 연상적 기억은 일종의 **'조건반사'**와 같다. 우리가 개에게 사료를 줄 때마다 종을 치며 습관화시키면 자동적으로 종을 칠 때마다 개들은 다가온다. 곧 반복된 학습을 통해서 '조건적 행동'을 하게 된다는 것이다.

그러나 동물의 영혼에는 **'추리 능력'**과 **'형이상학적 사유 능력'**이 없다. 이것이 동물의 영혼과 사람의 영혼 사이의 '본질적 차이'다. 사람의 영혼에는 식물의 영혼, 동물의 영혼, 모두의 기능이 포괄되어 있다. 그러나 이것들과 본질적으로 다른 영혼의 능력이 있다. 아리스토텔레스는 스승인 플라톤처럼 영혼의 불멸성을 강하게 주장하지 않지만, 그렇다고 직접적으로 비판하지도 않는다. 곧 그는 신체 없이 영혼이 존재할 수 없다고 말하지만, 영혼이 남긴 형이상학적인 역할을 부인하지는 않는다.

그런데 사도 바울은 영혼의 이성 기능을 언급하지 않고 있다. 그는 사람의 영혼이 육체에 심히 오염되어 있다고 생각했다. 그래서 혼에 속한 사람은 하나님의 성령의 일을 알지 못한다고 말한 것이다. 곧 혼적인 사람에게 영적인 일들은 어리석게 보일 수 있다. 왜 그런가? 영혼이 육적인 것을 따라가기 때문이다. 그래서 사도 바울이 "그는 그것들을 알 수도 없나니 그러한 일은 영적으로 분별되기 때문이라"고 말한 것이다. 여기서 "그"는 영혼을 말하며, "그것들"은 성령의 일들을 말한다. 곧 혼적인 생각으로는 영적인 일들을 알 수 없다는 것이다. 영적인 일은 오직 영을 통해서만 알 수 있다는 말이다.

그러면 혼에 속한 사람은 그리스도인이 아닌가? 엄밀한 의미에서 교회에 다니지만, **'거듭난 그리스도인'**은 아니다. 가령 혼에 속한 사람은 십자가의 본질을 알지 못한다. 다시 말해서 혼에 속한 사람은 십자가의 능력을 체험하지 못한 성도다. 그래서 그에게는 십자가의 도가 어리석게 보인다. 혼에 속한 사람은 예배도 자신이 기뻐야 은혜를 받았다고 생각한다. 그래서 불편한 말씀은 받으려 하지 않는다. 성경 말씀도 자신의 영혼을 기쁘게 하는 말씀만 찾으려 한다. 그러니 당연히 거듭남을 체험하지 못한다. 교회를 열심히 다니며 은혜를 받은 것 같지만 성화의 삶이 없다. 그러므로 혼적인 신앙인은 결코 세상 사람과 구별됨이 없다.

그러나 신령한 사람은 다르다. 곧 영에 속한 사람은 거듭난 성도로서 시간이 지나면 지날수록 성령의 열매가 맺어지는 삶을 산다.

3) 영에 속한 사람(프뉴마티코스)

바울은 아직 성령의 인도하심을 제대로 받지 못하는 "혼에 속한 사람'과 대조되는 "신령한 자"에 대해 다음과 같이 말한다.

"신령한 자는 모든 것을 판단하나 자기는 아무에게도 판단을 받지 아니하느니라"(고전 2:15).

여기서 "신령한 자"는 헬라어로 '프뉴마티코스(πνευματικός)'이다. 곧 '영에 속한 사람'이다. 영에 속한 자는 성령으로 거듭난 새 생명의 사람이다. 다시 말해서 내주하시는 성령의 인도하심을 받는 자이다. 영에 속한 자를 알게 하고, 깨닫게 하시는 분이 성령이다. 그러므로 영에 속한 자는 성령을 통해서 세상을 분별하며 살아간다. 성령의 조명 아래서 스스로 깨달음을 얻는다. 그러므로 '세상의 영'에 의해서 판단을 받지 않는다.

영에 속한 자는 하나님의 영과 세상의 영을 식별할 수 있다. 그래서 비록 사탄이 광명한 천사의 탈을 쓰고 오더라도 영적인 식별이 가능하다. 그렇다고 영에 속한 사람이 모든 것에 완전하다는 말은 아니다. 영적인 사람도 육신을 가지고 이 세상에 사는 한, 세상 영의 공격을 끊임없이 받는다. 그러나 영에 속한 자는 실수하고 넘어지더라도 성령의 가르침을 받고 다시 일어설 수 있다.

자, 그러면 우리는 이런 질문을 할 수 있다. 우리가 어떻게 신령한 자가 될 수 있는가? 여기서 먼저 신령한 자에 관한 오해를 풀어보자. 고린도 교인들은 신령한 자를 '**은사 사역자**'로 생각했다. 그들은 특별한 은사를 받은 사람을 신령한 자라고 생각했다. 그러나 바울이 말한 신령한 자는 그런 개념이 아니다. 신령한 자는 '성령의 인도함을 받는 자' 곧 '말씀의 인도함을 받는 자'이다. 그러므로 신령한 자에게는 '성령의 열매'가 있어야 한다.

그러면 성령의 열매가 무엇인가? 성령의 열매는 "사랑과 희락과 화평과 오래 참음과 자비와 양선과 충성과 온유와 절제"(갈 5:22)다. 그런데 열매는 짧은 시간에 얻어지는 것이 아니라 많은 시간이 요구된다. 곧 성령의 열매는 매일 성령의 인도함을 받는 순종의 결과물이다. 다시 말해서 보혜사 성령과의 친밀한 교제와 인도하심을 통해서 얻어지는 선물이다.

고린도 교인처럼 특별한 은사는 받았지만, 하나님의 뜻에 따라 인도함을 받지 못한 사역자들도 있다. 예수님은 그들을 "**불법을 행하는 자들**"(마 8:23)이라고 책망하셨다. 그들에게 어떤 능력이 있었는가? 그들은 주의 이름으로 선지자 노릇을 하며, 주의 이름으로 귀신을 쫓아내며, 주의 이름으로 많은 권능을 행했다. 그러므로 은사의 능력을 보면 이들도 신령한 자라 말할 수 있다. 그러나 주님은 "**내가 너희를 도무지 알지 못하니 불법을 행하는 자들아 내게서 떠나가라**"(마 8:23)라고 말씀하셨다.

주님이 왜 이렇게 말씀하셨는가? 하나님 아버지의 뜻대로 행하지 않았기 때문이다. 다시 말해서 그들은 은사를 사욕의 도구로 쓴 것이다. 그들에게 중요한 것은 무엇인가? 성령 하나님과의 친밀한 인격적인 교제이다. 보혜사 성령을 바로 알고, 그분과의 교제 안에서 그분의 성품을 닮아가야 한다. 그때 그 은사가 바르게 사용될 수 있다. 다시 말해서 신령한 자는 무엇보다 '**그리스도의 마음**'을 지녀야 한다.

그렇다면 그리스도의 마음은 어떻게 가질 수 있는가? 내 자아의 죽음이다. 바울의 고백처럼 내가 그리스도와 함께 십자가에서 죽어야 한다. 내가 죽고 내 안에 그리스도의 영이 주인이 되는 것이다. 그러기 위해서는 늘 마음을 잘 관리해야 한다. 곧 이 세대를 본받지 말고 마음을 새롭게 해야 한다(롬 12:2). 그러면 이 세대를 본받지 않는 것은 무엇인가? '**세상의 생각**'에 빠지지 않는 것이다. 세상의 영은 공중의 권세 잡은 사탄이 주인이다. 사탄이 주는 세상의 생각이 마음을 덮지 못하게 해야 한다. 그때 우리의 삶이 영성 있는 삶이 될 수 있다. 곧 영에 속한 자로 살아갈 수 있는 것이다.

3. '칭의'에서 '성화'로

우리는 예수 그리스도를 구주로 영접함으로 '의롭다 함을 얻었다'. 이것을 신학적으로 '**칭의(Justification)**'라고 한다. 칭의는 다른 말로 믿음으로 구원받았다는 것이다. 사도 바울은 칭의에 대해서 "너희는 그 은혜에 의하여 믿음으로 말미암아 구원을 받았으니 이것은 너희에게서 난 것이 아니요 하나님의 선물이라"(엡 2:8)고 말했다. '칭의'의 핵심은 은혜와 믿음으로 인한 하나님의 선물이라는 것이다. 그래서 우리는 자랑할 것이 없다. 다만 은혜로 구원받음에 감사하고, 그 은혜에 합당한 삶을 살아가야 한다. 그런데 문제는 여기에 있다. 과연 우리가 은혜로 받은 구원에 합당한 삶을 살고 있는가? 은혜에 합당한 삶은 거듭남을 통한 '**성화(sanctification)**'이다. 성화의 삶은 우리를 세상 사람과 구별되게 한다. 그러므로 칭의의 삶은 반드시 성화의 삶으로 나아가야 한다. 영성 수련은 성화의 삶을 사는 것이다.

1) 영성 훈련과 성화

사막의 은수자 에바그리우스(Evagrius Ponticus)는 영성의 삶을 "악한 생각들과의 싸움"[93]으로 설명하고 있다. 그러면 악한 생각은 누가 주는 것인가? '악령' 곧 '사탄'이 주는 생각이다. 수도자들을 괴롭히는 것은 악령이 주는 생각들이다. 그러므로 수도자들의 진정한 싸움은 악한 영들과의 싸움이며, 그들로부터 하나님이 주신 생각을 지키기 위한 투쟁이다. 곧 영성 수련은 악한 생각에 맞선 싸움이다. 그래서 그는 사도 바울이 전한 다음의 말씀을 영적인 삶의 중심으로 삼고 있다.

"우리의 씨름은 혈과 육을 상대하는 것이 아니요 통치자들과 권세들과 이 어둠의 세상 주관자들과 하늘에 있는 악의 영들을 상대함이라"(엡 6:12).

우리의 싸움이 육체적인 것이 아니라, 영적인 싸움이라는 뜻이다. 그러면 그 대상이 누구인가? 통치자들과 권세자들을 사도 요한은 **"이 세상의 임금"**(요 16:11)이라고 표현한다. 곧 사탄의 세력을 의미한다. 보다 구체적으로 말하면 어둠의 세상 주관자들, 곧 하늘의 악한 영들이다. 이 악한 영들이 우리의 생각을 공격한다. 그래서 사탄의 생각에 넘어

---

93. 에바그리우스 폰티쿠스, 『프락티코스』(분도출판사, 2019), 46쪽. 그가 영성의 삶에 주로 다루는 헬라어 '로기스모이(λογισμοι)'는 '악한 생각'이란 뜻이다.

갈 때도 있다.

특히 악령은 '영혼의 생각들'을 공격하여 욕정에 빠지게 한다.[94] 에바그리우스는 플라톤의 영혼론에 영향을 받아 영혼을 세 단계로 구분한다. 첫째, 영혼의 '이성부(λογιστικόν)'이다. 이성부는 영혼의 가장 고귀한 부분으로 정신이다. 이 정신을 통해서 본질적 인식이 가능하다. 곧 하나님과 친밀한 교제가 가능하다. 둘째, 영혼의 '정념부(θυμικόν)'이다. 이곳은 마음과 관련된 유혹 곧 슬픔, 분노, 태만이 공격하는 부분이다. 셋째, 영혼의 '욕망부(ἐπιθυμητικόν)'이다. 육신에 관련된 유혹인 탐식과 음욕 그리고 탐욕이 공격하는 부분이다.

에바그리우스는 정념부(情念部)와 욕망부(慾望部)를 '욕정부'로 통칭하며, 영혼이 육체에 연결된 부분으로 보고 있다[95] 그러므로 영성 수련은 '영혼의 욕정부'를 정화하여 '이성'이 제 기능을 발휘하게 하는 데 있다. 그의 주장을 철학자 플라톤 관점에서 다시 설명하면, 본래 영혼은 이데아의 세계에 있는 순수한 존재인데, 육체와 결합함으로 욕정부가 생겨났다고 볼 수 있다. 그러므로 영혼의 욕정부를 잘 다스림으로써, 영혼의 본질인 '이성'이 제 기능을 발휘할 수 있다.

에바그리우스의 영성 생활은 크게 두 영역으로 나눌 수 있다. '프락티케(praktike, 수행)'와 '그노스티게(gnostike, 관상)'이다. 프락티케는 영혼의 정념부와 욕망부를 정화하는 영적인 방법이다. 그리고 그노스티케는 영혼의 이성부가 하나님과의 일치를 이루는 것이다. 그러므로

---

94. 같은 책, 51쪽.
95. 같은 책, 35쪽.

영성 생활은 욕정부와 연관된 악한 생각과 이성부에 관련된 무지를 제거. 하여 영혼 안에서 덕을 쌓고 하나님과의 일치를 이루는 영적인 여정이다.[96]

2) '머리의 묵상'에서 '마음의 묵상'으로

필자는 영성의 근본을 묵상과 기도로 보고 있다. 묵상은 크게 '**자연 묵상**'과 '**말씀 묵상**'으로 구분할 수 있다. 첫째, 자연 묵상은 하나님이 창조하신 자연 속에서 "하나님의 영원하신 능력과 신성"(롬 1:20)을 깨닫는 것이다.[97]

예수님도 제자들에게 '공중의 새'와 '들꽃'의 묵상을 통해서 하나님의 돌보심이 무엇인가를 깨닫도록 하셨다. 그 대표적인 말씀이 산상수훈에 나오는 "공중의 새를 보라"(마 6:26), "들의 백합화가 어떻게 자라는가를 생각하여 보라"(마 6:28)이다. 여기서 "생각하여 보라"는 말은 헬라어로 '카타만다노(καταμανθάνω)'이다. '카타만다노'는 '~에 대하여' 그냥 보지 말고 관찰하면서 묵상하라는 뜻이다. 곧 예수님은 들에 백합화가 어떻게 자라고, 어떻게 자연을 아름답게 하는가를 깊이 생각하여 보라고 말씀하신 것이다.

---

96. 같은 책, 36쪽 참조.
97. 에바그리우스는 이 부분의 인식을 '피시케(physike)'라 부른다. 곧 자연 세계에 대한 깊은 묵상을 통해서 하나님의 영원하신 능력과 신성을 깨닫는 것이다. 에바그리우스는 '피시케'를 낮은 차원의 인식으로 보고, 그보다 높은 차원의 '테올로기케(theologike)'로 나가야 함을 강조한다. '테올로기케'는 삼위일체의 하나님에 관한 관상을 말한다(같은 책, 38쪽 참조).

그러면 우리가 들꽃의 묵상을 통해서 무엇을 깨달을 수 있는가? 우리가 무엇을 먹을까? 무엇을 마시며 무엇을 입을까? 하는 염려가 헛된 것임을 알게 된다. 세상의 대표적인 영광은 '**솔로몬의 영광**'이다. 예수님은 그 화려한 솔로몬의 영광이 들꽃의 영광보다 못하다고 말씀하신다. 곧 주님은 "솔로몬의 모든 영광으로도 입은 것이 이 꽃 하나만 같지 못하다"(마 6:29)라고 말씀하신다. 왜 그런가? '**들꽃의 영광**'은 있는 그대로 곧 존재 자체의 영광이다. 들꽃은 하나님이 주신 그대로의 삶을 통해서 자연을 아름답게 수놓으며 살아간다.

그러나 솔로몬의 영광은 존재 자체로서의 영광이 아니라, '**소유의 영광**'이다. 지식과 권력 그리고 부와 명예가 덧입혀진 영광이다. 그러나 노년의 솔로몬은 그 영광이 얼마나 헛된 것인가를 깨달았다. 그래서 그는 "헛되고 헛되며 헛되고 헛되니 모든 것이 헛되도다"(전 1:2)라고 고백했다. 자연은 우리를 하나님께로 나아가게 하는 통로이다. 그래서 사도 바울은 "그의 영원하신 능력과 신성이 그가 만드신 만물에 분명히 보여 알려졌나니 그러므로 그들이 핑계하지 못할지니라"(롬 1:20)고 말했다. 곧 하나님을 몰라서 믿지 않았다는 핑계가 더는 통하지 않는다는 말이다.

자, 그런데 하나님은 당신을 곧바로 알 수 있는 '계시의 책'을 주셨다. 곧 우리가 보고 있는 성경이다. 성경은 하나님의 특별 계시로 하나님에 관한 말씀이 기록되어 있다. 그러므로 우리는 말씀 묵상을 통해서 하나님을 만날 수 있다. 필자는 자연 묵상도 중요하지만, 무엇보다 '**말씀 묵상**'이 중요하다고 생각한다. 그동안 한국 개신교는 성경 공부에 열심을 냈다. 물론 성경을 바른 신학의 기반 위에서 공부했느냐는 다른 문제이고, 아무튼 하나님을 아는 지식에 열심은 있었다. 그러나 말씀이 삶이 되는 길은 아직은 멀었다고 생각한다. 왜 수십 년 교회는 다니는데 사람이 변하지 않는가? 구원은 받았다고 하는데 왜 구원에 합당한 삶을 살지 못하는가? 그것은 말씀 안에서 자아가 죽지 않아서이다.

성경의 지식이 머리에만 쌓아질 때 우리 삶은 변하지 않는다. '**머리의 지식**'이 마음으로 내려와야 한다. 곧 '**머리의 묵상**'이 '**마음의 묵상**'이 되어야 한다. 이점에 대해 '렉치오 디비나(Lectio Divina)'의 도움을 받으려 한다. 수도원적 영성의 토대인 렉치오 디비나는 묵상과 관상을 구분하고 있다. 렉치오 디비나는 네 단계로 나누어진다. '읽기(Lectio)', '묵상(Meditatio)', '기도(Oratio)', 그리고 '관상(Contemplatio)'이다.

말씀 묵상의 기본은 '**읽기**'에서 시작한다. 그리고 반복적인 읽기를 통해서 말씀의 내용이 '**묵상**'이 된다. 여기서 묵상은 본문의 전체적인 내용을 파악하는 수준이다. 곧 '**머리로 파악하는 단계**'이다. 묵상을 통해서 말씀이 '**기도**'로 나아간다. 기도 안에서 말씀의 하나님과 만난다. 곧 하나님의 음성을 들으며, '**하나님과 일치**'를 경험한다. 이것이 바로 '**관상**'이다. 필자는 이 관상을 '**마음의 묵상**'이라 부른다. 오늘날 우리의 큐티가 머리의 묵상으로 끝나는 경우가 많다. 머리의 말씀이 가슴까지 내려오기까지는 많은 시간이 필요하다. 머리의 말씀이 마음의 기도가 될 때, 비로소 하나님 안에 거할 수 있다.

주님이 우리에게 늘 강조한 말씀이 '내가 너희 안'에, '너희가 내 안에'이다. 말씀이 마음의 묵상이 될 때, 하나님과 내가 일치될 수 있다. 특별히 복음서 묵상을 통해서 예수 그리스도의 삶으로 깊이 들어가는 것이 중요하다. 예수님이 하신 말씀 속으로 들어가서 주님의 목소리를 듣고,

표정을 보면서 그분의 마음을 아는 것이다. 곧 그리스도의 인격을 닮아가는 것이다. 이것을 다른 말로 **'영성 형성'**이라 부른다. 영성 형성은 그리스도의 장성한 분량까지 나아가는 것이다. 물론 그곳까지 나아가는 것은 불가능할 수 있다. 그러나 우리는 코끝에 호흡이 멈추는 그 순간까지 그리스도 안에서 그리스도와 함께 동행해야 한다.

4. 결론: 그리스도의 장성한 분량까지

"우리가 다 하나님의 아들을 믿는 것과 아는 일에 하나가 되어 온전한 사람을 이루어 그리스도의 장성한 분량이 충만한 데까지 이르리니" (엡 4;13).

사도 바울은 '믿음'과 '아는 일'에 하나가 되어야 함을 강조하고 있다. '믿음'은 다른 말로 '영성'이라 할 수 있다. 그리고 **"아는 일"**은 '지식(지성)'이다. 지성 없는 영성은 다소 위험할 수 있다. 물론 영성의 신비적 부분을 지성으로 모두 설명할 수는 없다. 그러나 영성이 지성을 포기해서는 안 된다. 신비적 영성이 신앙의 토대가 되기 위해서는 신학의 이론적 뒷받침이 있어야 한다. 그와 동시에 신학은 영성의 도움이 필요하다. **'영성 없는 신학'**은 추상적인 이론의 잔치가 될 수 있다. 곧 내면의 갈급함을 채워주지 못한다. 그래서 오늘날 영성 신학이 그리스도교의 주요 학문으로 등장한 것이다.

바울이 강조한 **"온전한 사람"**도 그와 같다. 여기서 "온전한"이란 말은 헬라어 '텔레이오스(τέλειος)'를 쓰고 있다. '텔레이오스'는 '완전한', '성숙한'이란 뜻으로 '완전에 필요한 아무것도 결여하지 않는 상태'를 말한다. 바울은 이런 온전한 사람을 영성과 지성이 하나되는 사람으로 보고 있다. 그런데 이 온전함이 그리스도의 장성한 분량의 충만함까지 나가야 한다. 이것이 바로 그리스도인이 지향하는 목표다.

세상의 타 종교는 인간 자신의 거룩함을 위한 명상이나 해탈을 목표로 한다. 그러나 그리스도교는 오히려 자기를 부인하고 그리스도의 성품을 닮아가는 데 있다. 그래서 사도 바울은 아직 영성 있는 일상을 살지 못하는 성도들을 향하여 "너희 속에 그리스도의 형상을 이루기까지 다시 너희를 위하여 해산하는 수고를 한다"(갈 4;19)고 했다.

예수님은 부활 승천하신 후에, 우리에게 보혜사 성령을 보내주셨다. 그러므로 우리는 내주하시는 성령님과 교제하며, 그분의 음성을 들으며 살아가야 한다. 어디까지 그리스도의 장성한 분량이 충만한 데까지 나가야 한다. 이것이 바로 '영성 생활'이다.

Part Ⅶ 아브라함의 환대
환대에 관한 신학적 철학적 담론

I. 환대의 개념

환대는 주인과 손님의 관계성에서 시작합니다. 곧 초대하는 자와 초대받은 자와의 관계성에서 시작합니다. 이 관계는 주체와 객체로 설정되어 일종의 권력 관계가 형성됩니다. 그런데 주인과 손님의 관계는 영원한가? 언제부터 주인이고 손님인가? 등 다양한 물음이 제기될 수 있습니다. 성경은 그리스도인을 나그네라고 말합니다.

> "예수 그리스도의 사도 베드로는 본도, 갈라디아, 갑바도기아, 아시아와 비두니아에 **'흩어진 나그네'** 곧 하나님 아버지의 미리 아심을 따라 성령이 거룩하게 하심으로 순종함과 예수 그리스도의 피 뿌림을 얻기 위하여 **택하심을 받은 자**들에게 편지하노니 은혜와 평강이 너희에게 더욱 많을지어다"(벧전 1:1-2).

여기서 "흩어진"은 헬라어 '디아스포라(διασπορά)', 그리고 "나그네"는 '파레피데모스(παρεπίδημος)'입니다. '파레피데모스'는 '외국인', '순례자', '나그네'라는 뜻입니다. 사도 베드로는 이 땅의 그리스도인을 "흩어진 나그네" 곧 "택하심을 받은 자들"이라 규정합니다. 히브리서는 그리스도인을 "더 나은 본향"(히 11:16)을 향한 순례자라고 말합니다.

하나님께서는 구약의 이스라엘 백성들에게 반복적으로 너희가 나그네임을 잊지 말라고 하십니다. **"너희는 나그네를 사랑하라 전에 너희도 애굽 땅에서 나그네 되었음이니라"**(신10:19). 하나님의 언약 백성의 정체성은 바로 나그네입니다. 자신이 진정으로 나그네임을 아는 사람은 교만하게 주인행세를 하지 않습니다. 오늘 본문의 아브라함이 그같은 정체성을 보여주고 있습니다.

2. 아브라함의 정체성과 환대

아브라함은 75세에 하나님의 부르심에 순종하여 낯선 땅 가나안으로 들어왔습니다. 그에게 가나안은 이방인의 나라로 한 번도 가보지 않는 땅입니다. 그곳에는 원주민이 있었고 아브라함은 그곳에서 **'이방인'**으로 거주하게 되었습니다. 그러므로 아브라함은 약속의 땅, 곧 가나안 땅에서 이방인이었습니다.

그런데 하나님은 아브라함과 언약을 세우시면서 아브라함의 후손들이 이방 땅에서 나그네가 될 것을 예언하셨습니다. 창세기 15장 13절에, 하나님은 아브라함에게 **"너는 반드시 알라 네 자손이 이방에서 객이 되어 그들을 섬기겠고 그들은 사백 년 동안 네 자손을 괴롭히리니"**라고 말씀하십니다. 이 말씀은 아브라함의 후손들이 이집트에서 이방인으로 400년 동안 살게 됨을 예언한 것입니다. 그 말씀대로 이스라엘 백성들은 애굽에서 이방인으로 살았습니다.

하나님은 출애굽한 후에 이스라엘 백성들에게 끊임없이 '너희가 나그네 곧 이방인이었음을 잊지 말라'고 하십니다. 그러므로 아브라함도 나그네였고, 그의 후손도 나그네였습니다. 내가 나그네임을 아는 사람은 '찾아오는 손님(나그네, 이방인)'을 결코 홀대하거나 배척하지 않습니다. 비록 지금은 내가 이곳의 주인이지만, 언젠가 손님이 이 땅의 주인이 될 수 있기 때문입니다. '환대의 영성'은 바로 여기서 시작됩니다.

1) 본문의 배경(창 18:1-8)

창세기 18장에 나오는 아브라함의 환대를 이해하기 위해서는 먼저 그 배경을 알아야 합니다. 아브라함이 세 명의 나그네를 환대한 일은 그의 나이 99세 때였습니다. 하나님은 아브라함을 75세에 부르셨고, 아브라함은 하나님의 부르심에 순종해서 약속의 땅에 들어왔습니다. 하나님이 아브라함에게 **"내가 너로 큰 민족을 이루고 네게 복을 주어 네 이름을 창대하게 하리니 너는 복이 될지라"**(창 12:2). 약속을 하신 지 24년이 지났습니다. 그래서 아브라함은 그동안 아내 사라의 몸종인 하갈을 통해서 **'이스마엘'**이라는 아들을 얻었습니다. 그때 아브라함의 나이가 **'86세'**였습니다(창 16:16). 그 이후에 아브라함은 13년 동안 하갈을 통해서 얻은 이스마엘을 후계자로 여기며 행복하게 살았습니다.

아브라함의 나이 99세. 하나님이 처음 그에게 **'너로 큰 민족을 이루겠다'**(창 12:2)는 언약을 주신 지 24년이 지날 때, 하나님이 다시 아브라함에게 나타나셨습니다. 그리고 하나님은 언약을 다시 확증하시고, **'아브람'**의 이름을 **'아브라함'**(창 17:5)으로, 아내 **'사래'**의 이름을 **'사라'**(창 17:15)로 바꾸어 주시고, 언약의 아들 이삭의 이름까지 직접 지어주셨습니다(창 17;19).

하나님은 아브라함에게 언약을 다시 확증하신 후에, 그에 관한 화답으로 **'할례 언약'**을 하도록 하셨습니다. 할례 언약은 '살에 하나님의 말씀을 새기는 언약'입니다. 할례 언약은 욕망에 이끌리는 삶에서, '말씀이 이끄는 삶으로의 전환'을 맹세한 언약입니다. 다시 말해서 이제는 말씀이 이끄시는 삶을 살겠다는 결단입니다. 아브라함이 이 같은 맹세를 한 후에, 어느 날 **'낯선 이방인들'**을 만나게 됩니다.

- 본문: 창세기 18;1-8
  1. 여호와께서 마므레의 상수리나무들이 있는 곳에서 아브라함에게 나타나시니라 날이 뜨거울 때에 그가 장막 문에 앉아 있다가
  2. 눈을 들어 본즉 사람 셋이 맞은편에 서 있는지라 그가 그들을 보자 곧 장막 문에서 달려나가 영접하며 몸을 땅에 굽혀
  3. 이르되 내 주여 내가 주께 은혜를 입었사오면 원하건대 종을 떠나 지나가지 마시옵고
  4. 물을 조금 가져오게 하사 당신들의 발을 씻으시고 나무 아래에서 쉬소서
  5. 내가 떡을 조금 가져오리니 당신들의 마음을 상쾌하게 하신 후에 지나가소서 당신들이 종에게 오셨음이니이다 그들이 이르되 네 말대로 그리하라
  6. 아브라함이 급히 장막으로 가서 사라에게 이르되 속히 고운 가루 세 스아를 가져다가 반죽하여 떡을 만들라 하고
  7. 아브라함이 또 가축 떼 있는 곳으로 달려가서 기름지고 좋은 송아지를 잡아 하인에게 주니 그가 급히 요리한지라
  8. 아브라함이 엉긴 젖과 우유와 하인이 요리한 송아지를 가져다가 그들

앞에 차려 놓고 나무 아래에 모셔 서매 그들이 먹으니라

2) 환대의 자세: 환대는 예배다(히, 사하)

아브라함이 세 명의 낯선 이방인을 맞이할 때는 마므레 상수리 나무들이 있는 곳에서 거주할 때였습니다. 어느 날 정오에 상수리나무 사이로 사람들의 모습이 보였습니다.

> **"1 여호와께서 마므레의 상수리나무들이 있는 곳에서 아브라함에게 나타나시니라 날이 뜨거울 때에 그가 장막 문에 앉아 있다가 2 눈을 들어 본즉 사람 셋이 맞은편에 서 있는지라 그가 그들을 보자 곧 장막 문에서 달려 나가 영접하며 몸을 땅에 굽혀"**(18;1-2).

1절을 보면, 아브라함이 낯선 이방인을 언제 만났는가를 알 수 있습니다. 아브라함이 날이 뜨거울 때, 장막 문에 쉬고 있었습니다. **"날이 뜨거울 때에"** 라는 표현을 통해서 우리는 아브라함이 햇빛이 강하지 않는 오전에 잠깐 일을 하고, 가장 더운 때를 피해 잠시 휴식을 취하고 있음을 알 수 있습니다. 어찌보면, 아브라함이 장막 문에 앉아서 잠시 졸고 있을 때, 하나님께서 찾아오신 것입니다. 곧 여호와께서 자신을 나타내신 것입니다. 여기서 "나타나시니라(와예라, וַיֵּרָא)"라는 말에는 히브리어 '보다'라는 의미의 '라아(רָאָה)'가 단순 재귀형으로 사용되고 있습니다.

그러므로 이것을 직역하면 **"그리고 그는 스스로를 나타내 보이셨다"** 로 해석될 수 있습니다. 이 말은 우리가 하나님을 만나고 싶다고 해서 만날 수 있는 것이 아니라, 하나님께서 만나주셔야 만날 수 있음을 의미합

니다. 그러므로 우리가 하나님을 만나기 위해서는 항상 겸손한 마음으로 하나님의 자비를 구해야 합니다. 그때 하나님께서 자신을 나타내 보이십니다. 그런데 하나님께서 아브라함을 찾아오셨는데, '낯선 나그네'의 모습으로 오셨습니다.

아브라함이 장막 문에서 졸고 있다가 갑자기 눈을 들어 보니 세 명의 나그네가 보였습니다. 우리 성경이 단순히 **"눈을 들어 본즉"**이라고 번역하고 있는데, 여기에는 감탄사 '힌네(הנה)' 즉 '보라'는 말이 기록되어 있습니다. '힌네(보라)'라는 감탄사가 쓰인 것으로 보아서 아브라함이 세 사람을 갑작스럽게 발견하고 놀라고 있음을 알리고 있습니다.

그런데 우리가 여기서 주의 깊게 보아야 할 것은 세 명의 낯선 이방인을 맞이하는 **'아브라함의 삶의 자세'**입니다. 곧 세 명의 나그네를 환대하는 모습입니다. 그는 그들을 보자마자 장막 문에서 달려나갔습니다. 그리고 몸을 땅에 굽혀가며 영접했습니다. 이런 아브라함의 모습을 성경은 **"그가 그들을 보자 곧 장막 문에서 달려나가 영접하며 몸을 땅에 굽혔다"**(2절)고 기록했습니다.

아브라함은 낯선 세 명의 이방인에 대해 전혀 경계심 없이 즉각적으로 달려나갔습니다. 여기서 '달려나가다에 히브리어 '루츠(רוץ)'을 쓰고 있는데, 이 말은 '돌진하다', '급히 가다'라는 뜻입니다. 아브라함은 세 사람을 보자마자 곧바로 돌진했습니다. 그리고 아브라함은 몸을 땅에 굽혀가면서 환대했습니다. 다시 말해서 아브라함은 세 명의 낯선 이방인에게 마치 종의 자세로 달려나가서 엎드려 절했습니다.

여기서 '몸을 굽히다'라는 단어에는 히브리어 '사하(שחה)'가 사용되고 있습니다. '사하'는 몸을 굽혀 경배하는 것 곧 **'예배를 드리는 자세'**입니다. 아브라함은 여호와 하나님을 경배하는 자세로 이방인들을 환대했습니다. 환대는 무엇입니까? 곧 하나님을 경배하는 자세로 나그네와 이방인들을 맞이하는 것입니다. 그렇다면 **환대의 영성은 어떻게 깊어질 수 있습니까?** 내 삶이 예배가 되는 것입니다. 항상 하나님 앞에 있는 자세로 낮추고 경배하는 것입니다. 다시 말해서 지금 내가 만나는 사람을 하나님으로 여기며, 그를 섬기는 것이 곧 환대입니다.

아브라함은 낯선 이방인들을 경계하거나 배척하지 않고, 하나님처럼 섬기며 환대했습니다. 아브라함에게 이방인은 신과 같았습니다. 그래서 그는 하나님을 섬기는 자세로 이방인을 영접했습니다. 그리스도인이 나그네나 이방인을 대접하는 것은 하나님을 대접하는 것과 같습니다. 그래서 예수님은 심판의 때에 우리를 판단하는 기준으로 **'나그네를 환대했느냐 하지 않았느냐?'**로 삼고 있습니다. 마태복음 25장 34절부터 보겠습니다.

> "34 그 때에 임금이 <u>그 오른 편에 있는 자들에게</u> 이르시되 내 아버지께 복 받을 자들이여 나아와 창세로부터 너희를 위하여 예비된 나라를 상속받으라 35 내가 주릴 때에 너희가 먹을 것을 주었고 목마를 때에 마시게 하였고 <u>나그네 되었을 때에 영접하였고</u> 36 헐벗었을 때에 옷을 입혔고 병들었을 때에 돌보았고 옥에 갇혔을 때에 와서 보았느니라 37 이에 의인들이 대답하여 이르되 <u>주여 우리가 어느 때에 주께서 주리신 것을 보고 음식을 대접하였으며</u> 목마르신 것을 보고 마시게 하였나이까 38 어느 때에 <u>나그네 되신 것을 보고 영접하였으며</u> 헐벗으신 것

을 보고 옷 입혔나이까 39 어느 때에 병드신 것이나 옥에 갇히신 것을 보고 가서 뵈었나이까 하리니 40 임금이 대답하여 이르시되 내가 진실로 너희에게 이르노니 너희가 여기 내 형제 중에 <u>지극히 작은 자 하나에게 한 것이 곧 내게 한 것이니라</u> 하시고."

"**나그네 되었을 때에 영접하였고**"에서 '나그네'는 '크세노스(ξένος)' 곧 '이방인'을 말합니다. 그리고 "영접하였고"는 헬라어 쉬네가게테(συνηγάγετέ)을 사용하고 있는데, 원형은 '**쉬나고(συνάγω)**'입니다. '쉬나고'는 사람을 모아 집으로 들이는 것을 말합니다. 원래 '사람을 영접하다'라는 동사는 주로 '데코마이(δέχομαι)', '아포데코마이(ἀποδέχομαι)' 그리고 '람바노(λαμβάνω)' 등을 사용합니다. 그런데 여기서 '**사람을 모아 들이다**'에 '쉬나고'를 사용한 이유는 이방인이 집에 찾아와서 문을 두드리지 않더라도, 길거리에서 방황하고 있으면 그들에게 다가가서 적극적으로 집으로 모시고 오는 것을 말하기 위해서입니다.

그런데 예수님이 말씀하신 "**의인**"은 자신이 한 일조차도 기억하지 못했습니다. 그것은 이방인을 환대하는 일이 그 사람의 일상이었기 때문입니다. 그래서 의인은 "**어느 때에 나그네 되신 것을 보고 영접하였으며 헐벗으신 것을 보고 옷 입혔나이까**"라고 반문한 것입니다. 의인은 '주인'이고, 나그네는 '손님'입니다. 그러나 의인은 이방인 앞에서 자신이 주인임을 포기했습니다. 역으로 이방인이 초대받은 주인이 된 것입니다. 이러한 관계의 역전을 아브라함의 환대에서 구체적으로 볼 수 있습니다.

3) 환대의 위험성(주인과 손님의 전복)

그런데 이방인은 우리의 친구만 되는 것이 아니라, 우리 삶을 위협하는 침입자가 될 수도 있습니다. 99세의 아브라함에게 세 명의 낯선 방문객들은 위험한 침입자가 될 수 있었습니다. 그러나 아브라함은 이러한 위험조차 받아들였습니다. 그는 자신의 경계인 문을 넘어서 타자를 초대하여 신처럼 환영했습니다. 우리가 유념해야 할 것은 환대의 대상인 이방인이 우리의 삶에 위협 요소가 될 수 있다는 것입니다. 이방인을 환대함으로 맞게 되는 위험성은 '롯의 환대'에서 구체적으로 말씀하겠습니다.

(1) 손님이 주인이 되다
아브라함은 낯선 방문객들에게 경배하고 다음과 같이 말했습니다.

> "3 내 주여 내가 주께 은혜를 입었사오면 원하건대 종을 떠나 지나가지 마시옵고 4 물을 조금 가져오게 하사 당신들의 발을 씻으시고 나무 아래에서 쉬소서."

아브라함은 이방인(손님)들에게 **"내 주여"** 라고 말했습니다. 아브라함이 "내 주여(아도나이)"라고 표현했기 때문에, 일부 학자들은 아브라함이 그들 중 한 명이 하나님이심을 알았다고 주장하기도 합니다. 그러나 다른 학자들은 전혀 알지 못했다고 주장합니다. 아브라함이 '나그네가 하나님이었다는 것을 전혀 몰랐다'는 증거는 히브리서 13장 2절에서 발견할 수 있습니다. 히브리서 13장 2절은 **'아브라함이 부지 중에 천사들을 대접하였다'** 라고 기록하고 있습니다. 곧 아브라함이 누구인지 알지 못하고 환대했다는 말입니다. 그러므로 아브라함은 낯선 나그네들을 존칭하는 표현으로 '아도나이'라고 불렀다고 할 수 있습니다. 아브라함은 처음에는 전혀 알지 못했지만, 나중에야 하나님이 함께 하심을 알게 된 것입니다.

아브라함이 처음 만난 이방인들에게 **"은혜를 입었사오면"**이라고 말했습니다. 사실 아브라함은 그들에게 어떤 특별한 도움도 받지 않았습니다. 그런데도 아브라함은 내가 은혜를 입었다고 말했습니다. 여기서 은혜로 번역된 히브리어는 '헨(חן)'입니다. '헨'은 긍휼, 은총, 호의 등을 의미합니다. 그러므로 "내가 주께 은혜를 입었사오면"이라는 말은 '나를 좋게 여기신다면' 혹은 '나를 호감 있게 보신다면'이란 뜻입니다.

아브라함은 철저히 자신을 낮추면서 **"원하건대 종을 떠나 지나가지 마옵소서"**라고 말했습니다. **"원하건대"**라는 말은 히브리어 '나(נא)'로 '제발', '바라건대'라는 뜻입니다. 그리고 아브라함은 주인인 자신을 '종'(עבד)이라고까지 표현했습니다. **'주인과 손님의 역전'**이라 할 수 있습니다. 아브라함에게 손님은 곧 주인이었습니다. 아브라함의 환대는 자신의 선행으로 이방인의 마음이 상할 수 있다고 생각하면서, 주인 중심이 아니라, 손님 중심의 환대였습니다. 계속된 아브라함의 말에서도 이 사실을 발견할 수 있습니다.

"4 (원하건대)물을 조금 가져오게 하사 당신들의 발을 씻으시고 나무 아래에서 쉬소서."

아브라함의 이 말에도 우리 성경에는 번역되지 않았지만, 아브라함이 매우 겸손하게 '원하건대', '제발'의 뜻이 있는 히브리어 '나(נא)'가 명령형과 함께 쓰이고 있습니다. 따라서 의미를 살려서 번역하자면, '물을 조금 가져오게 하여 제발 당신들의 발을 씻으십시오!'라고 말한 것입니다. 아브라함은 자신의 섬김으로 이방인이 굴욕감을 느끼지 않도록 극도로 겸손한 자세로 말하고 있습니다.

우리는 남에서 무언가를 베풀 때 상대방의 감정에 상관없이 선심을 쓰듯이 하는 경우가 있습니다. 이것이 때론 상대의 마음을 아프게 한 경우가 많습니다. 참된 섬김과 베풂은 상대의 감정을 존중하면서 최대한 자신을 낮추면서 하는 행위입니다. 그래서 예수님은 오른손이 하는 것을 왼손이 모르게 행하라고 하셨던 것입니다.

아브라함은 이방인에게 여행으로 피곤한 몸을 쉬게 하고 떡을 제공함으로써 온기를 회복하도록 했습니다. 5절 말씀을 보겠습니다.

> "5 내가 떡을 조금 가져오리니 당신들의 마음을 상쾌하게 하신 후에 지나가소서 당신들이 <u>종에게</u> 오셨음이니이다 그들이 이르되 <u>네 말대로 그리하라</u>."

아브라함은 음식을 제안하면서 또다시 자신을 '종'이라고 표현했습니다. 사실 당시에 아브라함은 이미 거부가 되었고 한 가문을 대표하는 족장이었습니다. 그러나 그는 낯선 이방인 앞에서 자신의 신분을 낮추어 종이라 불렀습니다. 주인이 손님이 되고, 손님이 주인이 되었다고 볼 수 있습니다. 이런 아브라함의 태도에 이방인들은 **"네 말대로 그리하라"**고 명령했습니다. 손님이 주인에게 명령한 것입니다. 그러자 아브라함은 신속하게 움직였습니다. 6절과 7절을 보면 아브라함이 얼마나 바쁘게 음식을 준비하는가를 알 수 있습니다.

> "6 아브라함이 급히 장막으로 가서 사라에게 이르되 속히 고운 가루 세 스아를 가져다가 반죽하여 떡을 만들라 하고 7 아브라함이 또 가축 떼 있는 곳으로 달려가서 기름지고 좋은 송아지를 잡아 하인에게 주니 그가 급히 요리한지라."

6절을 보면, 동작의 신속성을 나타내는 표현이 두 번이 등장하고 있습니다. "급히", "속히"는 똑같이 원형으로 히브리어 '마하르(מהר)'를 사용하고 있습니다. '마하르'는 '서두르다', '어떤 것을 빨리 행하다'라는 뜻입니다. '마하르'를 두 번이나 사용한 것으로 보아, 아브라함이 이방인들의 필요에 지체하지 않고, 신속하게 대응했음을 알 수 있습니다.

아브라함은 장막에 있는 아내 사라에게 달려가서 **"속히 고운 가루 세 스아를 가져다가 반죽하여 떡을 만들라"**고 명령했습니다. 여기에는 명령형 동사가 '세 번'이나 사용되고 있습니다. 사라에게 "-가져가라, -반죽하라, -만들어라"고 명령했습니다. 여기서 우리는 다시 한번 아브라함이 이방인들이 시장하지 않도록 최대한 빨리 대접하려는 모습을 볼 수 있습니다.

그런데 우리가 여기서 주목할 것이 있습니다. 그것은 아브라함이 이방인들을 대접하는데 집에 있는 가장 값진 재료, 곧 **"고운 가루(fine flour)"**를 사용했다는 것입니다. 아브라함은 집에서 먹던 음식을 제공한 것이 아니라 집안에서 가장 좋은 가루로 식사를 준비했습니다. 그리고 음식의 양도 세 사람이 먹기에는 넘치게 준비했습니다. 아브라함이 준비한 '세 스아'(22리터)는 세 사람이 먹기에는 매우 많은 분량입니다. 그런데도 아브라함은 이방인들이 마음껏 먹을 수 있도록 준비한 것입니다. 그리고 가축 떼가 있는 곳으로 갔습니다.

> "7 아브라함이 또 가축 떼 있는 곳으로 달려가서 기름지고 좋은 송아지를 잡아 하인에게 주니 그가 급히 요리한지라."

7절에서 알 수 있듯이 아브라함은 하인이 있음에도 자신이 직접 가축우리로 갔습니다. 그리고 기름지고 좋은 송아지를 잡았습니다. 아브라함은 최상의 가루로 떡을 만들게 했고, 최상의 송아지를 직접 골라서 하인에게 잡도록 했습니다. 아브라함은 지시만 한 것이 아니라, 모든 과정에 직접 참여했습니다. 이처럼 낯선 이방인을 환대하기 위해, 아브라함과 사라, 그리고 하인 등 집안의 모든 사람이 참여했습니다. 마지막으로 아브라함은 버터와 우유까지 준비했습니다. 그리고 이것으로 끝난 것이 아니라, 직접 옆에서 시중까지 들었습니다. 8절을 보겠습니다.

> "8 아브라함이 엉긴 젖과 우유와 하인이 요리한 송아지를 가져다가 그들 앞에 차려 놓고 나무 아래에 모셔 서매 그들이 먹으니라."

아브라함이 문장의 '주어'가 되고 있습니다. 곧 아브라함이 모든 일을 관장하면서 상을 차렸다는 것입니다. 저는 아브라함이 이방인을 환대하는 모습을 보면서 깊은 감동을 받았습니다. 아브라함은 손님들을 하나님을 섬기는 자세로 환대했습니다. 곧 주인이 아니라, **'종의 자세'**로 환대했습니다. 아브라함은 이방인이 음식을 먹을 때까지 옆에 서서 있었습니다. 곧 아브라함은 세 명의 이방인이 식사하는데, 곁에 서서 시중까지 들었습니다. 『공동번역성경』을 보면, 매우 구체적인 아브라함의 모습을 볼 수 있습니다.

> "그 송아지 요리에다가 엉긴 젖과 우유를 곁들여서 손님들 앞에 차려놓고 손님들이 나무 밑에서 먹는 동안 그 곁에 서서 시중을 들었다."

아브라함의 환대가 주는 교훈은 무엇입니까? 아브라함은 이방인을 손님이 아니라, 주인으로 섬겼습니다. 그는 낯선 이방인을 초대하면서 자신을 종이라 불렀습니다. 아브라함이 이같이 손님을 주인으로 섬길 수 있었던 것은 그의 일상적 삶이 예배가 되었기 때문입니다. 그는 하나님을 경배하는 자세로 이방인을 섬겼습니다. 이방인은 아브라함에게 신이었습니다.

물론 나중에 아브라함은 세 명의 이방인 중에 하나님이 현현했음을 알았습니다. 그가 이방인이 하나님인 줄 알고 그들을 신처럼 섬긴 것이 아닙니다. 아브라함의 평상시의 삶이 예배의 삶이었기 때문에, 그는 낯선 나그네조차 신처럼 섬겼던 것입니다. 아브라함은 평상시 이방인을 주인처럼 섬기는 거룩한 습관이 있었습니다.

4. 그리스도인의 덕목으로서 환대

아브라함의 환대는 신약의 그리스도인에게 중요한 덕목으로 자리 잡았습니다. 히브리서는 **"형제 사랑하기를 계속하고 손님 대접하기를 잊지 말라 이로써 부지중에 천사들을 대접한 이들이 있었느니라"**(히 13:1-2)고 말씀합니다. 여기서 **"손님 대접하기"**라는 말이 '환대'입니다. 환대는 헬라어로 '필로크세니아(φιλοξενία)'입니다. 이 말은 필로스(φίλος, 사랑)와 크세노스(ξένος, 이방인)가 결합된 말입니다. 곧 환대는 이방인을 사랑하는 것입니다. 히브리서는 '이방인을 환대하는 것을 잊지 말라'면서 아브라함을 예로 들고 있는 것입니다. 곧 아브라함의 환대는 신약 시대를 살고 있는 우리가 여전히 지녀야 할 신앙의 덕목임을 말하고 있습니다.

사도 바울은 교회의 감독이 가져야 할 덕목으로 '환대'를 언급하고 있습니다. 그의 목회서신인 디모데전서 3장 2절에서 **"그러므로 감독은, 책망할 것이 없으며 한 아내의 남편이 되며 절제하며 신중하며 단정하며 나그네를 대접하며, 가르치기를 잘하며"** 라고 말씀하며, 디도서 1장 8절에서도 감독은 **"오직 나그네를 대접하며 선행을 좋아하며 신중하며 의로우며 거룩하며 절제하며"** 라고 말씀했습니다. 곧 환대는 그리스도인의 삶이며, 신앙의 근본 토대입니다.

5. 빅토르 위고, 『레 미제라블(Les Misérables)』에 나오는 미리엘 신부의 환대

'환대는 내 문 앞에 있는 그가 누구인지를 묻지 않고 받아들이는 것이다.'(무조건적 환대)

[미리엘 신부와 장발장의 대화]

"당신은 당신이 누구인가를 나에게 얘기하지 않아도 됩니다. 여기는 내 집이 아니라 하나님의 집입니다. 이 집의 문은 들어오는 사람의 이름을 묻지 않습니다."

"다만, 마음에 아픔이 있는지만을 묻습니다." "당신이 괴롭고 배고프고 목이 마른다면 당신은 환영받습니다." "내가 당신을 내 집으로 받아들였다고 생각하면 잘못입니다."

"누구나 안식처를 필요로 하는 사람 외에는 그 누구도 주인이 아닙니다." "여기 있는 모든 것은 당신의 것입니다." "무엇 때문에 제가 당신의 이름을 물을 필요가 있겠습니까?"

"그리고 당신이 말하기 전부터 나는 당신의 또 하나의 이름을 알고 있습니다."

사내는 놀라운 듯 눈을 크게 떴다.

"정말입니까? 당신은 저의 이름이 무엇인지 알고 있었습니까?"
"그렇습니다. 당신의 이름은 '나의 형제'지요."

그러나 미리엘 신부의 환대에도 아랑곳하지 않고, 장발장은 주교관에 있는 은식기를 훔쳐 도망쳤습니다. 나중에 경찰에 붙잡혀 온 장발장을 향해 신부는 **"친구여 왜 그리 빨리 떠났소? 이것(은촛대)도 주었는데 두고 갔네 그려"** 하면서 은촛대를 자루에 넣어주었습니다. 미리엘 신부는 강도 장발장에서 **'무조건적 환대'**를 베풀었습니다.

Part VIII 오방(五放) 최흥종의 환대의 영성과 광주 정신

I. 문제 제기: 환대가 무엇인가?

1) 주체에서 타자로: 타자화된 최흥종

우리는 근대의 시작을 '사유하는 자아'에서 찾는다. 근대성은 "나는 생각한다 고로 나는 존재한다"라는 데카르트의 제일 원리에서 시작된다. 데카르트는 영혼과 육체의 이분법적 세계관을 가져왔고, 이성의 보편성의 틀을 주었다. 근대의 이성은 보편성을 통해서 모든 것을 규율하고, 이성의 원리에서 벗어난 것은 '일탈'로 간주하였다.

그런데 주체적 이성이 절대화되면서 '타자'는 객체화되었다. 타자는 사유하는 주관에 의해 구성되는 대상에 불과하다. 이러한 이성의 보편성은 규율과 억압의 기제가 되어 다양성과 특수성을 통제하는 또 다른 기제가 되었다. 이러한 이성의 보편성에 대한 반란이 '포스트모더니즘(postmodernism)'이다.

포스트모더니즘은 이성의 이분법적인 틀을 깨고 개체의 다양성과 특수성에 눈을 뜨게 했다. 포스트모더니즘은 전통이 주는 관습과 생각을 무너뜨리기 시작했다. 이것을 달리 표현하면, 전통의 '거부'와 보편성의 '해체'라 말할 수 있다. 즉 이성의 절대화에 대한 거부이다. 그러나 이러한 해체적 사유는 그동안 인식하지 못한 '타자의 중요성'에 눈을 뜨게 했다. 나와 다른 타자를 어떻게 이해해야 하는가를 깊이 생각하게 했다.

한때 '그리스도교의 이단아'라 불린 사람이 있었다. 그는 광주의 근현대사에서 빼놓을 수 없는 '오방 최흥종 목사'이다. 그동안 최흥종 목사는 전통 기독교의 원리에서 배제와 차별을 받아왔다. 전통 기독교는 그의 기이한 행동을 종교적 일탈로 간주하며, 철저히 타자화했다. 그러나 근대성의 해체와 더불어 그의 종교적 신념과 가치는 새롭게 재평가받고 있다.

최흥종은 1880년(고종 17년) 5월 2일 광주 불로동에서 태어나, 1966년 5월 14일 세상을 떠났다. 그가 남긴 삶은 종교적 타자에 대한 또 다른 이해를 주었다. 특히 그가 복음을 영접한 이후 살았던 그의 삶의 방식은 보편을 깨는 방식이었다. 어떻게 그의 삶에 이 같은 극적인 변화가 있었는가? 그것은 이 땅의 타자, 곧 푸른 눈을 가진 이방인 선교사들과의 만남이었다. 광주 양림동에 온 미국 남장로교 선교사들은 최흥종의 삶에 일대 전환을 가져다주었다.

그동안 오방 최흥종에 관한 연구는 주로 '생애와 신앙', 그리고 '사회적 참여'에 치중되어왔다. 이제 그에 관한 연구가 다양한 학문적인 방법론에 의해 확장될 필요가 있다. 그래서 본 논문은 다소 새로운 시도를 해 보려고 한다. 오방의 정신을 포스트모더니즘 관점에서 접근하여 그동안 보지 못했던 '타자의 시선'을 끌어내고자 한다. 최흥종은 우리가 그동안 보지 못했던 '타자'에 더 큰 관심을 가졌다. 자신 또한 전통적 주체를 포기하고 '탈주체적 자아'로서의 삶을 살았다.

최흥종은 익숙지 않던 낯선 이방인을 '환대'했고, 동시에 이 땅에서 외면당하고 차별받았던 타자들을 온몸으로 '환대'했다. 그래서 본 논문은 최흥종의 삶을 환대의 관점에서 재조명하고, 그의 정신이 오늘의 광주 정신과 어떤 관계성을 맺고 있는가를 탐색하는 데 있다.

2) 환대란 무엇인가?

오늘날 '환대(hospitality)'는 국제 사회에서 뜨거운 주제가 되고 있다. 그동안 세계는 주체와 타자 곧 주인과 손님, 주인과 이방인의 이분법적 구조에 고착되어왔다. 그러나 세계가 지구촌화되면서 더는 전통적 개념으로 사회의 다양성을 설명할 수 없게 되었다. 주인과 손님은 불변하는 관계인가? 정주민과 이주민은 변하지 않는 관계인가? 언제부터 그 땅에서 원주민이 주인이 되었는가? 환대의 문제는 우리 사회 갈등 문제의 중심에 있다.

성경은 환대의 문제를 신앙의 기준으로 삼고 있다. 구약성경에 등장하는 아브라함의 환대가 그 대표적이다. 아브라함은 낯선 이방인을 '주인'으로 섬겼다. 창세기 18장에 기록된 아브라함의 환대를 보면, 세 명의 나그네가 주인이 되고, 주인인 아브라함이 종이 되고 있다. 아브라함은 세 명의 나그네를 하나님을 섬기듯이 대접했으며 그들의 식사가 끝나기까지 곁에서 시종을 들었다.

고대 사회에서 낯선 이방인들은 때론 '적'으로 변할 수 있다. 그러므로 손님을 환대하는 것은 적을 내 집으로 받아들이는 위험성도 있다. 이 같은 위험성은 호스피탈리티(Hospitality, 환대)의 어원인 'Hostis'에 잘 나타나 있다. 라틴어 hostis는 '손님'과 '적'이 동시에 포함되어 있다.

헬라어로 환대는 '필로크세니아(φιλοξενία)'를 쓰고 있다. '필로크세니아'는 사랑을 뜻하는 '필로스'와 '이방인', 혹은 '낯선 자'를 뜻하는 '크세노스'가 결합한 말이다. 그러므로 환대는 나그네와 이방인을 사랑하는 것을 뜻한다. 그런데 신약성경은 대부분 '필로크세니아'를 '환대'로 번역하지 않고 '손님 대접'으로 번역하고 있다(히 13:2; 롬 12:13; 딤전 3:2).

창세기 18장 아브라함의 환대, 다음 장(19장)에 나오는 그의 조카 롯의 환대는 환대의 위험성이 무엇인가를 보여주고 있다. 창세기 19장을 보면, 소돔 성에 거주한 롯이 두 명의 나그네를 환대하는 장면이 나온다. 롯은 두 명의 나그네를 자기 집으로 모셨다. 그리고 식사를 제공하고 누울 숙소를 제공했다. 그런데 롯의 대문 앞에 소돔 성 주민들이 몰려왔다. 그들은 두 명의 나그네와 성관계를 요구하며 롯의 대문을 두드렸다. 그때 롯은 손님들을 지키기 위해서 자기 딸들을 내어주려고 했다. 그러나 소돔 주민들은 롯의 제안을 거부하면서 대문을 부수며 들어가려고 했다. 롯의 환대는 낯선 이방인의 환대가 주는 위험성을 알리는 신호이다. 그래서 환대는 내 집에 들어오려는 이방인이 누구인가를 검문한 후에 들여보내야 한다. 프랑스 철학자 자크 데리다는 이것을 '조건적 환대'라 불렀다.

오늘날 거의 모든 국가는 조건적 환대를 하고 있다. 공항의 심사대를 통과하면서 여권과 비자를 제시하며, 주체의 물음에 응답해야 한다. 그리고 주체의 심사 기준에 적합할 때 통과할 수 있다. 그러면 아브라함이 보여준 '무조건적인 환대'는 불가능한 것인가? 소설 빅토르 위고의 작품 『레 미제라블(Les Misérables)』에 나오는 미리엘 신부와 장발장의 대화에서 중요한 교훈을 얻을 수 있다.

미리엘 신부는 낯선 이방인 장발장의 방문에 다음과 같이 말했다.

"당신은 당신이 누구인지를 내게 말하지 않아도 좋소. 여기는 내 집이 아니라, 예수 그리스도의 집이오. 이 집의 문은 들어오는 사람에게 이름을 묻지 않고, 그에게 고통이 있는가 없는가를 물을 뿐이오"[98].

그러면서 신부는 "내가 당신을 내 집으로 맞아들였다고 말하지도 마시오". "여기는 나의 집이라기보다는 당신의 집이오". "여기 있는 모든 것은 당신의 것이요". "내가 어찌 당신의 이름을 알 필요가 있겠소". "당신이 이름을 말하기 전에 당신에게는 내가 알던 이름 하나가 있소"라고 대답한다.

그러자 장발장의 눈은 휘둥그레져 "정말입니까? 신부님은 제 이름이 무엇인지 알고 계셨습니까?"라고 물었다. 그러자 신부는 "당신의 이름은 내 형제요"[99]라고 대답했다.

그러나 미리엘 신부의 환대에도 아랑곳하지 않고, 장발장은 주교관에 있는 은식기를 훔쳐 도망쳤다. 얼마 후 경찰관에 붙잡혀 온 장발장을 향해 신부는 "아! 당신이구려!" "당신을 보니 기쁩니다. 그런데 어찌 된 일이오? 나는 당신에게 촛대도 드렸는데, 그것은 다른 것과 마찬가지로 은이니 200프랑은 능히 받을 수 있을거요." "어째서 그것은 그 식기들과

---

98. 빅토르 위고, 정기수 옮김, 『레 미제라블 1』, 믿음사, 2018, 143-4쪽
99. 144쪽.

함께 가져가지 않았소?" 하면서 은촛대를 자루에 넣어주었다. 미리엘 신부는 강도 장발장에서 '무조건적 환대'[100]를 베풀었다.

미리엘 신부에게 장발장은 주인과 손님의 관계가 아니었다. 미리엘 신부의 무조건적 환대는 손님이 적이나 도둑이 될 수 있음을 보여준다. 그래서 무조건적 환대는 항상 위험성을 내포한다. 그러나 우리는 이것을 단순히 종교적 신앙 행위로만 돌릴 수 없다. 인류는 이런 사회를 꿈꿀 수 없는가? 미리엘 신부의 정신을 삶 속에서 보여준 사람이 '오방 최흥종'이다. 그는 차별과 배제 그리고 감시의 틀에 있는 나환자들을 '주인'으로 환대했다. 그러면 그가 어떻게 이 같은 무조건적인 환대를 할 수 있었는가? 그것은 이방인 선교사 포사이드와의 만남이었다.

2. 타자의 시선에 응답하는 환대(주체의 탈주체화로서의 환대)

1) 최흥종과 포사이드 선교사의 만남

최흥종의 이방인 선교사와의 만남은 1904년 24세 때 '광주 양림동'에서이다. 그가 양림동에 첫발을 딛는 유진 벨(Eugene Bell) 선교사를 찾게 된 것은 복음 때문이 아니었다. 이방인 선교사가 갖고 있던 유성기의 소리를 듣기 위해서였다. 낯선 이방인이 갖고 있던 신기한 '소리 박스'가 그의 마음을 끌었다. 이를 계기로 최흥종은 1904년 12월 25일 유진 벨

---

100. 무조건적 환대는 다른 말로 절대적 환대라고 한다. 자크 데리다에 의하면, "절대적 환대는 내가 나의 집을 개방하고, 이방인에게만이 아니라 이름 없는 미지의 절대적 타자에게도 줄 것을, 그리고 그에게 장소를 줄 것을, 그를 오게 내버려둘 것을, 도래하게 두고 내가 그에게 제공하는 장소 내에 장소를 가지게 둘 것을, 그러면서도 상호성을 요구하지 말고 그의 이름조차도 묻지 말 것을 필수적으로 내 세운다"(자크 데리다, 『환대에 대하여』, 남수인 옮김, 동문선 70-71쪽).

선교사의 집에서 시작된 광주선교부의 첫 예배에 참석하게 되었다. 그 당시 광주선교부 한국 측 책임자는 김윤수였다. 그의 전도로 최흥종은 광주선교부의 첫 그리스도인이 되었다. 이방인을 통해서 복음을 영접한 최흥종은 술과 담배를 끊고 방탕한 생활을 청산했다.

그 후 1908년 양림교회 집사가 되었고 의료 선교사 윌슨 원장의 권유로 한국어 선생 겸 조수로 광주 진료소(제중원)에 근무하게 되었다. 최흥종은 제중원에 근무하면서 선교사들의 조사로 복음 전파에 힘을 썼다. 그러던 어느 날 결정적인 계기를 맞이한 것은 포사이드 선교사(W.H. Forsythe)와의 만남이었다. 포사이드 선교사는 목포 선교부에 근무하고 있었는데, 오웬 선교사(C.C. Owen)가 위급하다는 소식을 듣고 광주로 급히 올라오는 길이었다.

그런데 포사이드 선교사는 광주에 도착하기 전 길가에 누워있는 여자 나환자를 보았다. 그는 전염병을 두려워하지 않고, 이 여인을 말에 태우고 자신은 걸어서 광주까지 왔다. 나환자를 말에 태운 포사이드 선교사의 모습은 누가복음 10장에 나오는 선한 사마리아인의 모습과 같았다. 포사이드 선교사는 이 땅의 타자인 나환자를 위해서 가던 길을 멈추었다. 그리고 그녀를 주인으로 환대했다. 최흥종이 환대에 대해 눈을 뜨게 된 것은 이방인 포사이드 선교사와의 만남이었다.

최흥종은 낯선 이방인이 어떻게 조선 땅의 천한 여자 나환자를 환대할 수 있는가에 큰 충격을 받았다. 이제까지 전혀 경험하지 못한 충격적인 만남이었다. 그때의 만남을 최흥종은 「호남일보」에 "구라사업 50년사 개요"라는 제목으로 다음과 같이 기고하였다.

"그날도 우월순 의사에게 우리말을 가르치고 정오쯤 귀가하려고 나오는 도중에 차마 볼 수 없는 극흉한 나환자를 말 위에 태우고 와서 내려놓고 그 환자의 겨드랑이를 부액하고 오는 서양인과 마주치게 되었습니다. 보니 역시 잘 아는 선교사 포사이드 의사이어서 한편 놀라면서 "포 의사 오십니까?" 하고 인사한즉 그가 "예, 편안하시오" 다정한 답례를 할 때, 나환자가 마침 오른손에 들고 있는 참대 지팡이를 떨어트렸습니다. 포 의사는 날보고 "형님, 저 지팡이 좀 집어주시오" 하는 것이었습니다. 허지만 나는 집어 주는 것을 주저하였습니다. 지팡이에는 고름인가 핏물인가 더러운 진물이 묻어 있었고 환자를 살펴본즉 흡사 썩은 송장이요 다 없어지고 두 가락밖에 남지 않은 손가락은 그나마도 헐어서 목불인견이었고 또 한 가지 까닭은 그때만 하여도 나환자의 수효가 희소하였으나 보이는 환자마다 이렇듯이 극으로 흉스러워 나환자에 대한 증오감이 대단했던 때였기 때문입니다."[101]

　　최흥종은 피고름이 묻은 지팡이를 집어 들기를 주저했다. 특히 손가락이 없어지고 얼굴은 썩은 송장과 같았던 여인을 보는 것조차 힘들었다. 그러나 포사이드 선교사는 조선 땅의 천한 여인을 '주인'처럼 섬겼다. 그리고 자신은 하인이 되어 주인의 말을 끄는 자가 되었다. 주인이 종이 되고, 종이 주인이 되는 거룩한 모습이었다. 이것이 바로 '복음에 나타난 환대의 모습'이다.
　　최흥종은 포사이드의 모습을 보면서 자신의 믿음을 부끄러워했다. 과연 믿음이 무엇인가? 믿음은 나를 부인하는 것이다. 곧 주인 된 내가 종이 되는 것이다. 최흥종은 포사이드 선교사의 모습 속에서 예수를 보

---

101. 차종순, 『양림교회 100년사 (1)』, 216-7쪽.

앉다. 나는 죽고 예수로 사는 모습이었다. 이것을 철학적으로 표현하면, 주체는 죽고 '절대적 타자' 안에서 사는 것이다. '하나님(신)'은 절대적 타자이다. 그리스도교의 주체는 타자의 시선에 응답하는 것이다. 포사이드 선교사는 문둥병에 걸린 여인의 시선에 응답했다. 그러므로 타자의 시선에 응답한 주체는 더는 주인이 아니라, 종이 된 것이다. 우리의 주인 된 예수가 우리를 위한 종이 되신 것처럼 말이다. 이것이 바로 주인과 종의 변증, 곧 환대이다. 포사이드 선교사는 이 땅의 주인인 조선인보다 더 조선인이 된 것이다.

최흥종은 조선인도 할 수 없는 사랑을 보여준 이방인의 환대에 믿음이 무엇인가를 깨달았다. 그것은 '주체의 포기'였다. 그래서 최흥종은 절대적 타자 안에서 주인 된 나를 포기하기 시작했다. 그는 윌슨 선교사의 보조로 일하면서 조선 땅의 타자인 나환자들을 위해서 헌신했다. 광주 봉선리에 있던 자신의 땅 천 평을 기증하여 한국 최초 나환자 진료소를 세웠다. 그에게 재산은 더 이상 자신의 것이 아니었다. 그 후 그는 타자를 위한 삶을 살기로 결단했다.

최흥종은 1920년 12월 2일 평양 장로회신학교를 졸업하고 1921년 1월 28일 목사안수를 받고 1921년 1월 31일 '광주북문밖교회(광주중앙교회)'에 초대 담임목사로 부임했다.[102] 그 후 1923년 3월 북문밖교회에서 목회를 마감하고 시베리아 선교를 위하여 블라디보스토크로 떠났다. 그의 이방인의 삶이 시작된 것이다. 그는 이곳에서 타자가 무엇인가를 몸으로 체험했다. 최흥종은 1년 만의 시베리아에서 돌아온 후 금정교회에서 시무하다, 1927년 다시 시베리아 선교사로 떠나게 된다. 그러나 소련 정부의 탄압으로 곧바로 추방당하게 되었다. 그 후 제주도 모슬포교회

---

[102]. 최장일, 고경태, 『오방 선생 최흥종』(바이블리더스, 2020), 56쪽 참조.

에서 목회하다가 광주중앙교회로 부임하였다. 그러나 그의 현장 목회는 오래가지 못했다. 일본 신사참배 강요와 압박에 교회가 휘청거리는 1935년에 목회를 그만두고 새로운 삶을 결단했다.

2) 거세와 〈사망통지서〉: 주체의 탈주체화

'육신의 자아'를 어떻게 다스려야 하는가? 이 문제는 늘 최흥종 목사의 관심사였다. 육체적 자아가 죽어야 타자의 시선에 무조건적으로 응답할 수 있다. 그래서 최흥종이 선택한 방식은 다소 급진적이었다. 1935년 9월 25일 최흥종은 경성에 있는 세브란스 병원에서 오긍선 의사에게 거세 수술을 받았다.[103] 그가 거세를 받은 이유는 내적인 경건과 깊은 관계가 있었다.

'욕구적 자아'가 살아있는 한, 절대자에게 온전히 순종할 수 없었다. 그의 영성이 깊어질수록 육체적 자아에 관한 깊은 고민에 빠지게 되었다. 그래서 욕망의 중심에 칼을 댄 것이다. 어찌 보면 그에게 구약의 할례는 약했다. 아예 욕망의 싹을 잘라내고 싶었다. 그에게 거세는 '주체의 탈주체화'의 한 방편이었다. 욕망의 중심을 거세해야만 자신이 온전히 죽을 수 있다고 생각했다.

그러나 거세를 단행한 후에도 여전히 욕신의 자아는 죽지 않고 그의 마음을 괴롭혔다. 그래서 그는 친구들에게 괜히 수술했다고 말하기도 했다.[104] 이같은 최흥종의 극단적 방식이 당시 그리스도교에서는 이단처

---

103. 한인수, "호남 교회 형성 인물, 최흥종 목사", 『오방 최흥종 연구:생애·신앙·참여』(태학사, 2022), 60쪽.
104. 한인수, 같은 논문, 61쪽.

럼 보였다. 그러나 필자는 주체를 벗어나려는 몸부림으로 느껴졌다. 의의 병기가 되지 못한 육체적 자아를 어떻게 해서든지 죽여야 비로소 내 안에 그리스도가 사는 복음의 재해석이었다.

우리는 신약성경에서 탈주체적 자아의 대표적인 인물로 사도 바울을 생각할 수 있다. 그는 "내가 그리스도와 함께 십자가에 못 박혔나니 그런즉 이제는 내가 사는 것이 아니요 오직 내 안에 그리스도께서 사시는 것이라 이제 육체 가운데 사는 것은 나를 사랑하사 나를 위하여 자기 자신을 버리신 하나님의 아들을 믿는 믿음 안에 사는 것이라"(갈 2:20)라고 고백했다. 이 말씀을 철학적으로 표현하면, 주체의 죽음을 통한 탈주체화된 주체를 뜻한다. 최흥종은 주인 된 내가 죽고, '절대적 타자' 안에서 누리는 자유를 소망했다. 최흥종의 절대적 타자 안에서의 자유를 세상의 눈으로 보면, "영원한 자유인 오방 최흥종"[105]으로 보이기도 했다. 이것은 그를 표피적으로 본 것이다. 그가 누린 자유는 세상의 자유와는 차원이 다르다.

최흥종의 두 번째 주체의 탈주체화는 1937년 1월에 쓴 <사망통지서>이다.

"본인을 사망자로 간주하시고 우인명부에서 삭제하여 주시기를 복망하나이다. 가정에 대하여 오만자, 사회에 대하여 방임자, 사업에 대하여 방종자, 국가에 대하여 방기자, 종교에 대하여 방랑자 소위 오방을 제창하면서도 명실이 부합한 가면극이 왕왕 연출되어 양심상 사이비한 생활을 절실히 참회하고 무익한 죄인이 세

---

105. 문순태, 『성자의 지팡이: 영원한 자유인 오방 최흥종목사 일대기』, 다지리, 2000.

상사에 관여하는 것은 유익보다 폐해가 더 될 것임을 각오하므로, 십자가의 구주 예수만 신뢰하고 범사에 예수의 교훈으로 생활할 것을 맹약하고 이제는 생사간에 예수 이외에 아무 것도 없으므로 세상사에 대하여 사망자가 되어 스스로 매장한 것이외다."[106]

최흥종 목사는 왜 사망통지서를 써야만 했는가? 필자는 '사망통지서'를 통해서 그가 겪었던 깊은 내면의 갈등을 보았다. 최흥종은 주체의 탈주체화를 위해서 거세를 했고, 오방의 삶을 주장하기도 했습니다. 오방은 가정, 사회, 사업, 국가, 종교로부터의 해방이다. 그러나 여전히 그의 자아는 온전히 죽지 못했다. 내적 자아는 '또 다른 자아'를 만들어냈다. 그 자아는 가면극의 주인처럼 육신의 자아를 포장한 자아였다. 이 같은 이중적 자아를 보면서 최흥종은 더는 견딜 수 없었다.

솔직히 영적으로 민감하지 않으면 이런 번민을 느끼지 못한다. 물론 최흥종은 필자가 생각한 '복음 안에서의 자유함'을 누리지 못한 것 같다. 곧 복음을 은혜의 관점에서 해석해서, 자아의 죄인 됨을 인정하고, 은혜의 보좌 앞으로 가는 은혜를 누리지 못한 것 같다. 그러나 그의 내적 갈등은 충분히 이해가 간다. 최흥종은 아마 사도 바울과 같은 깊은 마음의 번민에 빠졌다. 바울은 자기 마음에 두 개의 법이 싸우고 있음을 다음과 같이 고백했다.

"내 지체 속에서 한 다른 법이 내 마음의 법과 싸워 내 지체 속에 있는 죄의 법으로 나를 사로잡는 것을 보는도다"(롬 7:23).

---

[106]. 한규무, "오방 최흥종의 생애와 기독교 민족운동", 『오방 최흥종 연구: 생애·신앙·참여』(태학사, 2022), 92쪽 각주 참조.

바울의 이 고백은 무엇인가? 강한 육신의 자아에 눌려버린 '마음의 또 다른 자아'를 고백한 것이다. 곧 내가 원하는 바를 하지 못하고 원치 않는 것을 행하는 어리석음을 탄식한 것이다. 그래서 바울은 "오호라 나는 곤고한 사람으로다 이 사망의 몸에서 누가 나를 건져내랴"(롬 7:24)고 기도했다. 오방 최흥종도 마찬가지였다. 필자에게 최흥종의 사망통지서는 자아의 이중성을 탄식하는 기도문처럼 느껴졌다.

최흥종은 어떻게 해서든 자아의 죽음을 통해서 타자에게로 나아가려고 했다. 이런 그의 정신은 '목회의 해체'로 나아간다. 최흥종은 교회 안 목회를 벗어나, 탈교회적 목회를 시도했다. 곧 그는 교회의 안과 밖을 벗어나 교회 밖 사람에 더 관심을 두게 되었다. 그동안 최흥종은 교회가 지닌 성과 속의 이분법 안에 있었다. 교회 안 사람은 거룩하며, 교회 밖 사람은 구원받아야 할 대상이었다. 주체의 죽음을 선언한 최흥종에게는 이러한 이분법적 도식이 불필요한 틀이었다. 그는 절대자 안에서 타자의 시선에 응답하는 '환대의 목회'로 나갔다.

그러므로 최흥종이 추구하는 환대의 목회는 '무조건적인 환대'이다. 그에게 타자의 이름과 출신, 그리고 배경은 더는 문제가 되지 않았다. 그의 환대 목회는 주체를 해체하고 타자들의 눈빛에 응답하는 것이다. 그리스도교적 용어로 표현하면 '대속의 삶'이다. 대속은 내가 타인을 위해 책임지는 존재가 되는 것이다.

최흥종이 자신의 땅을 나환자에게 내어놓음은 타자를 내 집안으로 맞아들이는 것이다. 나만의 향유 공간, 곧 나만의 세계인 거주 공간성을 허무는 것이다. 이것은 땅의 소유자인 그 역시 손님이며, 이 땅에서의 타인(나그네)임을 고백한 것이다. 환대 안에서는 주체와 타자가 하나가 된다. 그런 면에서 환대의 정신에는 '대동 사회'가 있다. 대동 사회는 무엇인가? 대동 사회는 신분의 차별이 없으며, 재화가 공평하게 분배되는 사회이다. 또한 타자를 보호하며 가족주의를 넘어선 보편적인 사랑을 실천하는 사회이다. 곧 환대의 공동체이다. 우리는 이같은 환대의 공동체를 1980년 5월의 광주에서 볼 수 있었다.

3. 광주 정신과 오방의 환대

1) 광주 정신이란 무엇인가?

오방의 환대의 영성을 광주 정신과 연관성을 살피기 위해서 먼저 광주 정신이 무엇인가를 살펴야 한다. 광주 정신은 무엇인가? 필자는 광주 정신에 관한 '두 가지 물음'을 제기하면서, 이 물음에 답하는 형식으로 광주 정신의 개념을 정리하려고 한다. 첫째, 광주라는 도시가 정신을 갖고 있는가? 즉 무생물인 도시가 정신을 지닐 수 있는가?라는 물음이다. 당연히 무생물에 정신을 갖다 댈 수 없다. 그러면 무슨 뜻인가? 사람의 집합체인 도시는 사람들이 모여 사는 공동체이다. 그래서 도시는 각 개인의 가치체계가 서로 만나고 충돌하는 곳이다. 갈등과 충돌 속에서 도시 정신은 보편적인 체계를 갖는다. 이것을 철학적으로 표현하면, '객관화된 정신' 혹은 '보편정신'이라 할 수 있다.

그러므로 우리가 일반적으로 광주 정신이라 할 때, 그것은 광주시민들의 객관화된 정신 혹은 보편적인 정신이라 말한다. 즉 일종의 묵시적으로 합의된 '집합 정신(collective spirit)'이라 할 수 있다. 그러면 이 집합 정신을 우리는 신뢰할 수 있는가? 집합 정신은 각 개인의 지성이 일반의지로 반영되어 **'집단지성'**이 될 수 있다. 그러나 때로는 집합 정신이 선동가나 정치가들에 의해서 맹목적인 **'집단적 광기'**가 될 수 있다. 히틀러 시대의 독일 정신이 대표적인 집단적 광기라 할 수 있다. 이것이 바로 집단정신(광주 정신)이 가질 수 있는 두 얼굴이다. 그러므로 우리는 광주 정신도 이런 위험성 아래 있다는 것을 유념해야 한다.

둘째, 광주 정신이 항구 불변한 정신인가?라는 물음이다. 다른 말로 하면 집합 정신이 '실체화된 개념'인가라는 물음이다. 필자는 그렇지 않다고 생각한다. 객관화된 정신은 각 개인의 '주관 정신(subjective spirit)'에 근거한다. 각 개인의 주관 정신 없이 보편정신은 존재할 수 없다. 즉 개인 없는 공동체는 존재할 수 없다. 이런 의미에서 본다면, 보편정신은 항구 불편한 것이 아니다. 즉 일종의 '가상(Schein)'과 같은 것이라 말할 수 있다. 실제 하는 것 같지만, 변하지 않는 실체는 아니라는 것이다.

그렇다고 우리가 객관화된 정신 곧 보편정신을 가상이라고 배척할 수 있는가? 필자는 그럴 수 없다고 생각한다. 객관화된 정신은 우리의 현재를 지배하는 정신이다. 우리가 태어난 순간, 우리는 이미 보편정신(객관화된 정신) 속에 존재한다. 곧 시대정신의 영향력 아래 있다. 이것이 바로 **정신의 이중성**이다. 정신은 개인의 정체성을 제공하지만, 동시에 개인의 정체성(정신)은 보편정신에 의해 조정되기도 한다. 그러므로 광주 정신은 이러한 정신의 이중성 안에 존재한다. 이 같은 정신의 이중성을 염두에 두고 광주 정신을 바라보아야 한다. 그런 의미에서 광주 정신은 얼마든지 시대적 상황 속에서 곧 사람들의 생각이 변함에 따라 변할 수 있다.

그런데 지금 광주의 상황은 어떠한가? (추상적인) 광주 정신을 실체화하려는 경향이 있다. 만일 우리가 광주 정신을 실체적 개념으로 확정하고 맹신한다면, 그것은 '집단적 광기(배타적 정신)'에 빠질 위험성이 있다. 집단적 광기는 생각의 획일성을 강요하며, 다른 생각을 허용하지 않는다. 즉 광주 정신에 대한 다른 의견을 표현하는 것을 '적'으로 간주한다.

우리가 앞에서 살펴보았듯이, 광주 정신은 끊임없이 진화하며 발전되어야 한다. 그래서 보편적인 인류애적 정신으로 승화되어야 한다. 그러기 위해서는 무엇보다 광주 정신에 관한 개방성이 요구된다. 우리는 열린 자세로 지난 역사를 통해서 그리고 현재를 통해서 광주 정신을 발전시켜 나가야 한다. 그렇다면 작금의 광주 정신은 무엇인가? 오늘날 우리가 객관화된 광주 정신을 말하면, 그것은 80년 5월의 정신이다. 즉 '5·18 정신'이다. 5·18 정신을 단순하게 정리하면, 군부독재에 저항하며 민주·인권을 구현하는 정신이다. 광주시민이 국가폭력에 단호하게 대처한 저항정신이다. 독재에 대한 저항정신이 오늘의 민주·인권 정신과 합하게 된 것이다.

그러면 민주·인권의 정신은 무엇인가? 민주·인권의 정신 안에는 '타자의 주체화' 혹은 '주체의 타자화'가 있다. 타자의 주체화는 그동안 배제되고 거절된 타자들을 주체로 포용하는 것이다. 동시에 주체의 타자화는 권력의 독점체계를 해체하는 수평적 정신이다. 그러므로 민주·인권의 광주 정신은 주체와 객체의 이분법적인 경계를 해체하는 것이다. 즉 '5·18'은 주체와 객체(타자)의 이분법을 해체하는 정신이다.

우리가 지난 대한민국의 역사를 볼 때, 광주는 대한민국 안의 '타자'였다. 광주는 '소외된 땅', '유배지', 혹은 '차별받은 타자'로 여겨졌다. 그러나 광주는 한국사의 중요한 사건마다 주체로 등장했다. 특히 대한민국의 근현대사에서 광주를 빼놓을 수 없다. 국가적 사건이 있을 때마다 광주는 '**타자에서 주체로**' 등장했다. 광주학생독립운동이 그랬고, 5·18민주화운동이 그랬다. 그동안 억압받았던 타자의 도시가 대한민국의 중심이 되었다. 그런데 그때의 광주는 어떤 모습이었는가? 필자는 80년 5월의 광주에서 환대의 정신을 발견했다. 곧 오방이 보여준 탈주체적 자아로서의 광주의 모습이었다.

2) 10일 간의 광주와 환대의 공동체

1980년 5월의 광주는 비록 짧은 10일간이지만, 인류가 추구하는 대동 공동체의 모습을 보여주었다. 광주시민들은 자발적으로 학생들과 시민군들에게 빵과 우유를 나누어주고, 주먹밥을 제공하는 환대의 공동체였다. 그리고 목이 마른 자들에게 양동이에 물을 받아서 주었고 부상자들을 위해서는 자기 피를 나누었다. 이것은 무엇을 의미하는가? 나눔과 헌신 그리고 환대의 정신이 구체화 됨을 보여준 사건들이다.

이제 5월이 되면, "5·18은 나눔입니다"라는 현수막을 볼 수 있다. 나눔은 무엇인가? 내 것을 타자에게 주는 것이다. 마음이 담긴 나눔은 내 것이 아님을 고백한 것이다. 그러므로 '마음의 나눔'은 한 손이 아니라, 두 손으로 드린다. 곧 나의 것을 남에게 준다는 것은 타자를 주인으로 받아들이는 의례이다. 이것은 낯선 타자를 주인(신)처럼 섬기는 예배가 된다.

80년 5월 광주는 내 것과 네 것이 통용되는 환대의 공동체였다. 주체와 타자의 구분이 없이, 주인이 손님이 되고 손님이 주인이 되는 시간이었다. 다시 말해서 나의 대문을 열고 누구든 환대했다. 그런데 문제는 이 같은 환대의 정신이 평상시에도 지속될 수 있는가? 하는 문제는 여전히 의문으로 남는다.

80년 5월 광주를 점령한 계엄군은 일시적인 퇴각을 했다. 광주의 저항이 거세기도 했지만, 그들의 속셈이 있었다. 신군부는 광주를 더욱 고립화시키려 했다. 타자로서의 광주를 더욱 타자화하는 전략이었다. 신군부는 계엄군의 철수로 광주가 내부적 다툼과 갈등으로 더욱 혼란에 빠질 줄 알았다. 그러나 그들의 기대는 여지없이 무너졌다. 광주시민들은 상처로 얼룩진 도시를 청소했고, 음식을 나누며 자발적으로 치안을 유지했다. 특별히 시민들은 다친 자들을 위해서 줄을 지어 헌혈했다. 피를 나누는 형제와 자매가 되었다.

계엄군이 철수한 '해방 광주'는 주체와 객체, 주인과 손님의 구분이 사라진 대동 사회가 되었다. 시민들은 매일 도청 앞 분수대에 모여 광주의 미래를 고민했다. 앞으로 고립된 광주를 어떻게 대처할 것인지 서로 마음을 나누었다. 곧 광주는 '광장 민주주의'가 무엇인가를 보여주었다. 물론 때론 광장 민주주의가 선동가에 의해서 움직일 수 있는 위험성도 있다. 그러나 80년 5월의 광주는 그렇지 않았다. 누구나 발언의 주체가 되어, '집단지성의 지혜'를 구했다.

필자는 80년 5월이 보여준 환대의 정신이 그냥 어느 날 갑자기 생겨난 것이 아니라 생각한다. 80년 5월의 광주 정신은 역사성에 바탕을 두고 있다. 선조들의 정신이 이어져 내려온 것이다. 필자는 그것을 오방 최흥종의 정신에서 발견할 수 있었다. 오방이 보여준 탈주체적 자아로서의 환대의 영성이다.

3) 광주의 아버지로서의 오방

오방 최흥종 목사는 광주의 아버지이다. 왜 그를 광주의 아버지라고 부를 수 있는가? 그가 남긴 유업이 오늘의 광주 정신에 깊은 영향력을 주고 있기 때문이다. 오방 최흥종은 누구도 거들떠보지 않았던 나환자들을 주체로 환대했다. 자기 소유의 땅을 그들을 위해 내주어 대한민국 최초 나환자 병원이 세워지는 초석을 깔았다. 거듭 말하지만, 당시 나환자들은 우리 사회의 완전한 타자였다. 오방은 그들을 주인처럼 섬겼다. 곧 자신을 내어줌으로써 타자를 주체로 포용했다.

오방 최흥종이 1966년 5월 14일에 소천했지만, 그의 장례식은 5월 18일 광주 시민장으로 거행되었다. 5월 18일에 광주는 울음바다가 되었다. 광주공원에서 거행된 장례식에는 광주 인근의 걸인들과 결핵환자 그리고 여수, 나주 등에서 올라온 나환자들로 인산인해를 이루었다. 그들은 우리 사회의 타자들이었다. 그들은 오방 최흥종의 장례식에서 "아버지, 아버지", "아버지, 우리는 이제 어떻게 살아갑니까?"[107]라고 부르며 오열했다. 이렇게 그는 광주의 아버지로 불림을 받게 되었다. 그것도 5월 18일에 말이다. 이것을 어찌 우연이라 말할 수 있을까? 눈에 보이지는 않지만, 절대자의 섭리가 느껴진다. 마치 그들의 통곡 소리는 80년 5월 18일에 터질 통곡의 서곡처럼 느껴진다. 오방의 환대는 80년 5월 광주 환대의 표상이었다.

그러나 오방의 정신은 '분노'와 '원한 감정'을 남기지 않았다. 그의 죽음이 남긴 정신은 나눔과 헌신, 그리고 자기 부인의 정신이었다. 곧 나를 부인하는 환대의 공동체였다. 성서적으로 표현하면, '이 땅의 하나님 나

---
107. 최장일, 고경태, 같은 책, 222쪽.

라'이다. 오방 최흥종은 '빛고을 광주'가 '환대의 도시'가 되길 소망했다. 그래서 그의 죽음은 세상을 하나 되게 하고 화평케 하는 정신으로 전해지고 있다. 그렇다면 오늘의 광주가 해야 할 과제는 무엇인가? 우리는 5·18의 정신을 보편적인 인류애 정신으로 승화해야 한다.

4. 결론: 이념의 갈등을 치유하는 환대의 도시로

오늘날 광주는 이념적 싸움에서 항상 진보의 중심에 서 있다. 그래서 광주는 정치적으로 많이 이용당하기도 했다. 여전히 그 영향력 아래 있다고 해도 과언이 아니다. 그렇다면 광주의 아버지 오방 최흥종 목사는 어떠했는가? 오방은 좌우를 포용했다. 1945년 대한민국이 해방을 맞이하자 '건국준비위원회(건준)'가 결성되었다. 그때 오방은 좌, 우익 모두로부터 '전남(광주)건준위원장'에 만장일치로 추대되었다. 이것은 그동안 그의 삶이 보여준 한 단면이다. 그는 진보도 보수로 포용했다. 백범 김구 선생이 광주에 와서 오방에게 정치를 하자고 청했지만, 그는 항상 '탈주체적 자아'를 추구했다.

필자는 오방의 환대 정신이 오늘의 광주 정신이 나갈 방향이라 생각한다. 이제 광주는 좌우의 진영논리를 벗어나야 한다. 광주는 이념의 갈등을 치유하는 환대의 도시로 나아가야 한다. 도시는 도시민이 어떤 정신을 갖느냐에 따라 변한다. 광주는 늘 타자의 시선에 응답하는 '타자들의 도시'이다. 즉 광주는 우리 사회에서 배제되고 아웃 사이더를 포용하는 도시였다. 그 정신이 대한민국 어느 도시에도 없는 고려인 마을도 있게 했다. 고려인은 이중의 차별 속에 살았다. 그들은 (구) 소련 땅에서 타자로 살았다. 그런데 그들은 대한민국으로부터도 타자로 취급받았다.

이런 고려인들을 광주는 주체로 받아들였다. 광주는 그들을 우리 안의 이방인이 아니라, 이 땅에 함께 사는 주인으로 맞이했다. 그래서 그들을 위한 조례를 제정하여 그들을 돌보고 있다.

이제 광주는 글로벌 환대의 도시로 거듭나야 한다. 우리의 핏줄을 넘어서 이 땅의 나그네들을 위한 환대의 도시가 되어야 한다. 물론 여기에는 많은 부작용도 따를 것이다. 그래서 철학자 데리다는 환대를 늘 '다가올 미래의 선물'로 표현했다. 즉 데리다는 진정한 환대는 언제나 '다가올 환대(hospitality to come)'라는 심오한 말을 남겼다. 아직은 오지 않았지만, 주인과 손님의 경계선을 넘은 환대의 공동체가 우리가 가야 할 미래의 도시이다. 그것이 바로 오방 최흥종 목사가 추구하는 이 땅의 광주가 아니었나 생각해본다.

그리스도교의 철학적 신학
지은이   김종헌
펴낸이   정덕주
발행일   2025. 08.20
펴낸곳   한들출판사
          서울시 동대문구 한천로 58길 139
          등록 제2-1470호. 1992년
홈페이지   www.handl.co.kr
전자우편   handl2006@hanmail.net
전화   편집부 02-741-4069
          영업부 02-741-4070
FAX   02-741-4066
ISBN   978-89-8349-863-2   93230

* 잘못된 책은 구입하신 곳에서 바꾸어 드립니다.
* 이 책의 내용을 무단 복사, 복제, 전제하는 것은 저작권법에 저촉됩니다.